SYLT
ZUM VERWEILEN

Herausgegeben von Karla Paul

Gestaltet von
Katinka Reinke

RECLAM

2021 Philipp Reclam jun. Verlag GmbH,
Siemensstraße 32, 71254 Ditzingen
Umschlagabbildung und Vignetten: Katinka Reinke
Typografie: fuxbux, Berlin
Druck und Bindung: Eberl & Koesel GmbH & Co. KG,
Am Buchweg 1, 87452 Altusried-Krugzell
Printed in Germany 2021
RECLAM ist eine eingetragene Marke
der Philipp Reclam jun. GmbH & Co. KG, Stuttgart
ISBN 978-3-15-020628-7
www.reclam.de

Inhalt

Eine Insel
zum Verweilen

Sylt trägt inzwischen den eher negativ besetzten Beinamen »Insel der Schönen und Reichen«, und tatsächlich finden sich in den Medien seit Jahrzehnten Bilder von posenden Prominenten und champagnergetränkten Partys. Dabei liegt der wahre Reichtum der Insel ganz woanders – nur fehlen uns oft die richtigen Worte für das, was schon beim Überqueren des Hindenburgdamms unser vom Alltag geplagtes Herz erfüllen lässt.

So wie uns alle das Inselfieber eint, so unterschiedlich zeigt sich uns die Insel in ihren zahlreichen Facetten. Sie lässt sich ebenso wenig fassen wie das Meer, das sich uns im Osten mehrmals täglich entzieht und uns im Westen leidenschaftlich wie gefährlich in die tobenden Wellen lockt. Auch das Wetter wechselt innerhalb weniger Stunden sämtliche Jahreszeiten durch, und wenn wir uns gerade von der Sonne geküsst auf die Promenade wagen, können wir wenige Minuten später von einer kräftigen Regendusche überrascht werden – spöttisches Möwengelächter inklusive. Vielleicht macht gerade diese Unberechenbarkeit die Schönheit aus, die viel Glück und Geduld bedarf und trotz aller Mitbringsel und gesammelter Strandschätze nicht mit aufs Festland zu nehmen ist.

Viele Künstler*innen haben sich bereits an einer Beschreibung jenes besonderen Gefühls versucht, haben Gedichte, Essays und Romane verfasst und sie der Insel gewidmet. Wir lesen und schwärmen mit Rainer Maria Rilke, flirten mit Dora Heldt, fühlen uns inspiriert wie Thomas Mann und gehen auf Mörderjagd mit Sina Beerwald. Wir blättern durch die Tagebücher Peter Suhrkamps sowie Emil Noldes und schlendern mit Susanne Matthiessen durch die Westerländer Vergangenheit. Benjamin Lebert und Theodor Storm beschreiten die dunkelsten Wege, Fritz J. Raddatz führt zurück ins Dünenlicht, und mit Christian Peter Christiansen singen wir die Sylter Hymne. Diese Auswahl klingt vielfältig, kann aber nur eine Annäherung sein, die vieles (wieder)erkennen und manches entdecken lässt.

Nun darf ich Sylt seit fast 40 Jahren meine zweite Heimat nennen, und es war mir eine große Ehre, eine literarische Inselführung zu planen. Ich stelle mir vor, wie Sie diese Zeilen im Strandkorb lesen, die Füße im Sand, gelegentlich aufs Meer blickend und die Worte der folgenden Schriftsteller*innen auf sich wirken lassend. Oder wie Sie noch auf dem Festland mit dem Buch den nächsten Inselbesuch planen. Welch Geschenk, dass uns dieser besondere Ort über die Jahre und alle Genres hinweg miteinander verbindet und am Ende sogar Rainer Maria Rilke mit dem Poeten Farin Urlaub: »Oh ich hab solche Sehnsucht, ich verliere den Verstand. Ich will wieder an die Nordsee, ich will zurück nach Westerland.«

Gute Reise, Ihre Karla Paul

1

OSTSTRAND LIST

Diese Insel, ein Gedicht

Im Gegensatz zu den Versprechungen rot behummer-
ter Großunternehmen liegt die schönste Sehenswürdigkeit Lists nicht am berühmten Hafen, dem wir später noch einen Besuch abstatten werden, sondern am
dort beginnenden Oststrand. An jener Stelle, wo die
Fähre aus Dänemark anlegt, wurden 2009 Teile des
Romans *Ghost* (2007) des Bestsellerautors Robert
Harris verfilmt. Da der Regisseur Roman Polański nicht
nach Amerika einreisen durfte, stellte man kurzerhand
den Handlungsort (die Insel Martha's Vineyard vor der
Südküste von Massachusetts) auf Sylter Boden nach.

Beim Schiffsanleger machen Sie in den Sommer-
monaten einen kleinen Umweg, um genug Abstand
zum schützenswerten Vogelbrutgebiet zu halten – und
dann kann frisch bepackt mit einem Fischbrötchen
spaziert und wattgewandert werden. Besonders schön
ist hier der Tagesstart im Winter, wo Sie den beeindru-
ckenden Sonnenaufgang über Dänemark mit großer
Wahrscheinlichkeit für sich allein haben werden. Mit
flottem Schritt geht es bei auslaufendem Wasser an
den Strandkörben der Lister »Austernperle« im Man-
nemorsumtal vorbei. Gerne darf auch der Hund mit,
wie meist überall auf Sylt, egal ob auf der Promenade
oder direkt am Flutsaum.

Im Naturbiotop Watt finden sich neben den kleinen schwarzen Miesmuscheln viele Austern, die den weit in der Nordsee stehenden Bänken ausgebüchst sind. Die sogenannte Sylter Royal ist eigentlich eine pazifische Felsenauster und Nachfolgerin der vor Jahrzehnten nahezu ausgestorbenen europäischen Auster. Von ihr werden auf der Insel jährlich knapp eine Millionen Stück geerntet.

Sie wandern weiter, vorbei am Süderheide- und Westerheidetal, um dann final auf ein Stück Kuchen oder zum Abendessen in der »Vogelkoje« (benannt nach der 1767 eröffneten Entenfangstätte) einzukehren. Hier können Sie entspannt drinnen oder im Garten die Wanderung beschließen und Essen sowie Umfeld genießen – beides ein Gedicht, wenn auch nicht von Rainer Maria Rilke (1875–1926). Mit *Die Insel* von 1906 findet er, wie so oft, die richtigen Worte für das für uns Unbeschreibliche.

RAINER MARIA RILKE

Die Insel

Nordsee

I

Die nächste Flut verwischt den Weg im Watt,
und alles wird auf allen Seiten gleich;
die kleine Insel draußen aber hat
die Augen zu; verwirrend kreist der Deich

um ihre Wohner, die in einen Schlaf
geboren werden, drin sie viele Welten
verwechseln, schweigend; denn sie reden selten,
und jeder Satz ist wie ein Epitaph

für etwas Angeschwemmtes, Unbekanntes,
das unerklärt zu ihnen kommt und bleibt.
Und so ist alles was ihr Blick beschreibt

von Kindheit an: nicht auf sie Angewandtes,
zu Großes, Rücksichtsloses, Hergesandtes,
das ihre Einsamkeit noch übertreibt.

    II

Als läge er in einem Krater-Kreise
auf einem Mond: ist jeder Hof umdämmt,
und drin die Gärten sind auf gleiche Weise
gekleidet und wie Waisen gleich gekämmt

von jenem Sturm, der sie so rau erzieht
und tagelang sie bange macht mit Toden.
Dann sitzt man in den Häusern drin und sieht
in schiefen Spiegeln was auf den Kommoden

Seltsames steht. Und einer von den Söhnen
tritt abends vor die Tür und zieht ein Tönen
aus der Harmonika wie Weinen weich;

so hörte er's in einem fremden Hafen –.
Und draußen formt sich eines von den Schafen
ganz groß, fast drohend, auf dem Außendeich.

III

Nah ist nur Innres; alles andre fern.
Und dieses Innere gedrängt und täglich
mit allem überfüllt und ganz unsäglich.
Die Insel ist wie ein zu kleiner Stern

welchen der Raum nicht merkt und stumm zerstört
in seinem unbewussten Furchtbarsein,
so dass er, unerhellt und überhört,
allein

damit dies alles doch ein Ende nehme
dunkel auf einer selbsterfundnen Bahn
versucht zu gehen, blindlings, nicht im Plan
der Wandelsterne, Sonnen und Systeme.

2

LIST

Das Maskottchen des Syltgefühls

Der nördlichste Punkt Deutschlands ist List. Wer bei gutem Wetter am sogenannten Ellenbogen steht, kann das Naturschutzgebiet bestaunen und dem vier Kilometer entfernten Dänemark winken. List wurde 1292 erstmals urkundlich erwähnt und ist Teil des Zipfelbundes, d. h. der Vereinigung der vier Spitzen Deutschlands – Selfkant im Westen, Oberstdorf im Süden, Görlitz im Osten und List im Norden. Hier lässt sich stundenlang mit den Schafen die Stille und Schönheit des Königshafens und der Wanderdünen teilen.

Weniger idyllisch geht es einige Meter weiter am tatsächlichen Lister Hafen zu, der inzwischen nach vielen Jahrzehnten militärischer Besetzung nahezu komplett in der Hand von Jürgen »Jünne« Gosch liegt. Autor Benjamin von Stuckrad-Barre absolvierte dort vor vielen Jahren ein Praktikum und erzählt in *Ganz unten im Norden* (2001) wenig Romantisches und mehr Realistisches über die Zubereitung von importiertem Krebsfleisch sowie dem Geschäft mit den »Maskottchen des Syltgefühls«. Am Hafen kann man touristischen Ausverkauf genießen oder das Erlebniszentrum »Naturgewalten« mit Informationen zu Küste und Meer besuchen, gerade für Kinder spannend.

1961 wurde hier die Schriftstellerin Dora Heldt geboren, die eigentlich Bärbel Schmidt heißt und den Künstlernamen von ihrer Großmutter ausgeliehen hat – deren Grab auf dem kleinen Lister Friedhof liegt. Heldts Vater war in den heute zu Eigentumswohnungen und einem Luxus-Gesundheitsresort umgebauten Marinekasernen der Bundeswehr stationiert und führte danach als Gästeführer über die Insel. Mit ihren unterhaltsamen Romanen rund um die Liebe und das Leben begeistert die ehemalige Verlagsvertreterin die deutsche Leserschaft. Ihren erfolgreichen Roman *Tante Inge haut ab* (2009) über die leidenschaftlich bis lustige Syltliebhaberin Inge ist neben einer hervorragenden Auswahl an weiteren Urlaubslektüren auch in der kleinen Buchhandlung in der Tonnenhalle am Hafen zu finden und natürlich sehr gut lesbar in einem Lister Strandkorb.

DORA HELDT

Tante Inge haut ab

Mit fünfzehn Minuten Verspätung hetzte Christine über die Treppen zum Strandaufgang, zeigte kurz ihre Kurkarte und lief der »Badezeit« entgegen, einem Lokal, das an der Westerländer Promenade lag.

Sie hatte sich mit Luise verabredet, einer Freundin, die gerade für zwei Tage auf Sylt war. Sie hatten morgens telefoniert, und Luise hatte vorgeschlagen, sich am frühen Abend zu treffen, ihr Mann hätte berufliche Termine auf der Insel, er würde später dazustoßen. Sie sei so gespannt, was Johann für ein Typ sei. Christine hatte das Telefon auf Lautsprecher gestellt, weil sie sich gerade die Fußnägel lackierte, so dass Johann mithören konnte. Danach erklärte er, er komme ebenfalls später. »Weißt du, mit den alten Freundinnen, die einen unter die Lupe nehmen, ist das so eine Sache … also, ich komme gegen halb acht dazu, da ist Luises Mann ja dann auch da, oder?«

»Du kannst gern schon früher kommen.«

Er küsste sie und nickte. »Mal sehen.«

Luise war noch nicht da, trotz der Verspätung. Nachdem Christine sich im Lokal umgesehen hatte, setzte sie sich auf die Terrasse, von wo aus sie den Strand und gleichzeitig jeden ankommenden Gast im Blick hatte.

Eine unglaublich hübsche Kellnerin kam an den Tisch. Sie sah aus wie ein Model, hatte ihre langen Haare hochgesteckt und lächelte. Sie trug ein Namensschild: Anika. Auch noch ein schöner Name.

Bevor Christine etwas bestellen konnte, klingelte jedoch ihr Handy. Luise.

»Hallo, ich habe die Zeit vertrödelt, ich beeile mich, bis gleich.«

»Wollen Sie mit dem Bestellen noch warten?«

»Äh, nein, ich möchte einen Milchkaffee und ein Wasser.«

Versonnen starrte Christine ihr nach. Wieso waren manche Menschen nur so schön, hatten so eine Figur und einen solchen Gang?

Drei Minuten später kam Anika mit der Bestellung und einer Zeitung zurück.

»Die ›Sylter Rundschau‹ von heute. Falls Ihnen das Warten langweilig wird.«

Nett war sie auch noch. Während Christine ihren Kaffee trank, überflog sie die Schlagzeilen und hob zwischendurch immer mal wieder den Blick, um Luise nicht zu verpassen. Und plötzlich entdeckte sie auf der Promenade Tante Inge, die einen roten Hosenanzug trug und auf die »Badezeit« zusteuerte. Christine hatte sich schon halb erhoben, um sie zu rufen, als Inge auf einmal stehen blieb und sich umdrehte. Offensichtlich wartete sie auf jemanden. Vermutlich hatte sie Heinz im Gefolge, der mit seinen kurzen Beinen nicht hinterherkam. Hoffentlich blieben sie nicht zum Essen, Johann sollte eigentlich in Ruhe Luise kennenlernen.

Christine beugte sich über das Geländer. Doch es war nicht ihr Vater, der Inge folgte. Es war noch nicht mal jemand, den Christine kannte. Tante Inge lächelte den Mann entrückt an, der ihr den Vortritt an der Treppe ließ und ihr dann mit lässigem Gang folgte. Graumeliertes Haar, sportliche Figur, teurer Anzug und höchstens Anfang fünfzig. Also locker zehn Jahre jünger als Tante Inge.

Sie betraten zusammen das Lokal, Tante Inge hatte ihre

Nichte anscheinend nicht entdeckt, obwohl sie sich konzentriert nach einem Tisch umgesehen hatte. Christine lehnte sich vorsichtig zurück und spähte in das Restaurant, wo sich ihre Tante mit dem Rücken zum Fenster auf den vierten Stuhl, den sie ausprobiert hatte, setzte. Ihr Begleiter war höflich stehen geblieben und nahm nur ihr gegenüber Platz. Er sah ausgesprochen gut aus. Und er lächelte Tante Inge an.

Christine kniff die Augen zusammen. Sah so jemand aus, dem die späte Liebe gerade den Boden unter den Füßen weggezogen hatte? Wobei … eigentlich interessierte es sie viel mehr, wie Tante Inge im Moment schaute. Aber ihr Gesicht konnte sie von der Terrasse aus nicht erkennen, und ihr Rücken wirkte wie immer.

Der Unbekannte zog jetzt einige zusammengerollte Papiere aus seiner Anzugtasche, strich sie glatt und schob sie Inge hin. Christine beugte sich mitsamt dem Stuhl vor, um mitzukriegen, wie Inge reagierte. Anscheinend redete sie weiter, legte dabei aber eine Hand auf seinen Unterarm.

»Wen observierst du gerade?«

Fast hätte Christine das Gleichgewicht verloren, im letzten Moment knallte der Stuhl auf alle vier Beine zurück. Aufgeschreckt durch den Krach hoben die anderen Gäste auf der Terrasse die Köpfe.

»Oh. Nichts. Hallo Luise. Da bist du ja endlich.«

Mit einem schnellen Blick vergewisserte Christine sich, dass Tante Inge und ihr Galan sich in der Zwischenzeit nicht nähergekommen waren. Waren sie nicht. Inzwischen redete er, und ihre Hand lag auf den Papieren.

Luise folgte ihrem Blick. »Der Typ da? Der Graumelierte im Anzug? Nicht unflott, aber ich denke, du bist nicht mehr auf der Suche? Apropos, wo ist dein Wundermann eigentlich?«

»Er joggt. Aber er kommt zum Essen nach.«

Luise hatte sich hingesetzt. Mit einer kleinen Drehung des Halses konnte Christine immer noch den Rücken ihrer Tante sehen, war durch Luise aber jetzt besser gedeckt. Entspannt lächelte sie.

»Und? Wie geht es dir?«

»Sehr gut.«

Während Luise sich umdrehte, um besser in den Innenraum sehen zu können, fragte sie: »Was ist denn jetzt mit dem Mann da drinnen? Kennst du ihn?«

»Luise! Starr ihn doch nicht so an, das fällt doch auf.«

Tatsächlich. Nun hob er seinen Kopf und schaute in ihre Richtung. Christine lehnte sich zurück, um aus seinem Blickfeld zu kommen.

»Luise! Bitte!«

»Ja, doch«, entgegnete diese grinsend, »aber nur, wenn du mir erzählst, was an dem so spannend ist.«

Christine setzte sich wieder gerade hin. »Wie alt schätzt du ihn? Nein, nicht wieder hingucken!«

Luise sah sie an und hob die Schultern. »Keine Ahnung. Vielleicht so um die fünfzig. Wieso?«

»Er sitzt da mit meiner Tante.«

Jetzt drehte sich Luise doch wieder um. »Echt? Das ist deine Tante?« Sie stand auf. »Lass uns hingehen und guten Tag sagen.«

Christine erwischte im letzten Moment ihren Arm. »Bist du verrückt? Bleib hier. Ich glaube nicht, dass es meiner Tante recht wäre, wenn wir jetzt da aufkreuzen. Sie hat der Familie gerade eröffnet, dass sie ihr Leben verändern will. Ohne nähere Angabe von Gründen. Aber ich habe es gerade begriffen: So wie es aussieht, sitzt da der Grund. Ich glaube es einfach nicht. Mir wird ganz schlecht.«

»Wieso? Der wirkt doch ganz sympathisch.«

»Luise! Meine Tante ist 64! Nicht vierzehn!«

Ihre Freundin hob erstaunt die Augenbrauen. »Na, dann gerade! Da darf man doch keine Zeit mehr vergeuden.«

3

HAUS KLIFFENDE
KAMPEN

///////////////////////////////

Das literarische Gästehaus
auf der Klippe

Wer über Sylter Literatur schreibt, kommt am Haus
Kliffende nicht vorbei. Und wer am Weststrand spazieren geht, ebenfalls nicht. Es liegt am Rande des Roten Kliffs so nah am Meer, dass man das Stürmen und
Leuchten selten schöner genießen kann, es aber dank
der Naturgewalten auch stets vom Absturz bedroht ist.

Der Berliner Buchhändler und Antiquar Heinrich
Tiedemann schenkte es 1925 seiner Frau, der Schauspielerin Clara Tiedemann. Eine romantische Geste,
die in Zeiten des Onlinedatings leider kaum noch
Nachahmung findet – was aber auch auf die heutigen
Immobilienpreise zurückzuführen sein dürfte. Der
Quadratmeterpreis liegt in Kampen aktuell bei durch-
schnittlich 30 500 Euro – Häuser mit dem Schlagwort
»unverbaute Meersicht« weit darüber. 1955 wurde
Haus Kliffende an die Deutsche Bank verkauft, inzwischen ist es wieder in Privatbesitz.

Ab den 1920er Jahren war das Haus Anlaufstelle für
die kreative Avantgarde des Landes. Zu Gast waren die
Opernsängerin Emmi Leisner, der Komponist Friedrich Hollaender, Verleger Ernst Rowohlt, die Sängerin

Margo Lion sowie die Bildhauerin Renée Sintenis, aber auch Hermann Göring, Oberbefehlshaber der deutschen Luftwaffe im Nationalsozialismus. Und auf dem ehemaligen Heuboden des Hauses richtete sich der Maler Emil Nolde sein Atelier ein, um vor der Renovierung seines eigenen Hofes zu fliehen.

Der berühmteste Gast war aber sicherlich der Schriftsteller Thomas Mann (1875–1955) mit seiner Frau Katia, der sich dort im Sommerurlaub 1927 nicht nur in die Insel, sondern auch in den damals 17-jährigen Klaus Heuser verliebte und ihn zum Vorbild für die vierteilige Romanreihe *Joseph und seine Brüder* (1933–1943) nahm. In dem 1924 erschienenen Roman *Der Zauberberg* lässt Mann seine Figur Hans Castorp in weißen Hosen am Sylter Strand entlangschlendern, und das so bildhaft, dass man nach diesen Zeilen meint, ihn wirklich dort flanieren zu sehen.

Über das Haus Kliffende schreibt Mann: »An diesem erschütternden Meere habe ich tief gelebt, und was es aufregte, das wird, gebe es Gott, irgendwie einmal ehrenhaft fruchtbar werden. Auch will ich wiederkommen. Man sollte freilich wohl nie wiederholen wollen, denn von vornherein ist gewiss, dass es das andere Mal anders sein wird.«

THOMAS MANN

Der Zauberberg

Auf Sylt hatte er, in weißen Hosen, sicher, elegant und ehrerbietig, am Rande der mächtigen Brandung gestanden wie vor einem Löwenkäfig, hinter dessen Gitter die Bestie ihren Rachen mit den fürchterlichen Reißzähnen schlundtief ergähnen lässt. Dann hatte er gebadet, während ein Strandwächter auf einem Hörnchen denjenigen Gefahr zublies, die frecherweise versuchten, über die erste Welle hinauszudringen, dem herantreibenden Ungewitter auch nur zu nahe zu kommen, und noch der letzte Auslauf des Katarakts hatte den Nacken wie Prankenschlag getroffen. Von dorther kannte der junge Mensch das Begeisterungsglück leichter Liebesberührungen mit Mächten, deren volle Umarmung vernichtend sein würde. Was er aber nicht gekannt hatte, war die Neigung, diese begeisternde Berührung mit der tödlichen Natur so weit zu verstärken, dass die volle Umarmung drohte, – als ein schwaches, wenn auch bewaffnetes und von der Zivilisation leidlich ausgestattetes Menschenkind, das er war, sich so weit ins Ungeheuerliche vorzuwagen, oder doch so lange nicht davor zu fliehen, bis der Verkehr das Kritische streifte und ihm kaum noch beliebig Grenzen zu setzen waren, bis es sich nicht mehr um Schaumauslauf und leichten Prankenschlag handelte, sondern um die Welle, den Rachen, das Meer.

Mit einem Worte: Hans Castorp hatte Mut hier oben, – wenn Mut vor den Elementen nicht stumpfe Nüchternheit im Verhältnis zu ihnen, sondern bewusste Hingabe und aus Sympathie bezwungenen Todesschrecken bedeutet. – Sympathie? – Allerdings, Hans Castorp hegte Sympathie mit den Elementen in seiner schmalen, zivilisierten Brust; und da war ein Zusammenhang dieser Sympathie mit dem neuen Würdegefühl, dessen er sich beim Anblick des schlittelnden Völkchens bewusst geworden, und das ihm eine tiefere und größere, weniger hotelbequeme Einsamkeit als die seiner Balkonloge hatte schicklich und wünschenswert erscheinen lassen. Von dort aus hatte er das hohe Nebelgebirg, den Tanz des Schneesturms betrachtet und sich seines Gaffens über die Brustwehr des Komforts hin in seiner Seele geschämt. Darum, und nicht aus Sportfexerei noch aus angeborner Körperfreudigkeit, hatte er Skilaufen gelernt. Wenn es ihm nicht geheuer war dort in der Größe, der schneidenden Totenstille – und das war es dem Kinde der Zivilisation durchaus nicht –: nun, so hatte er vom Nichtgeheueren längst hier oben mit Geist und Sinn gekostet. Ein Kolloquium mit Naphta und Settembrini war auch nicht just das Geheuerste; ebenfalls führte es ins Weglose und Hochgefährliche; und wenn von Sympathie mit der großen Winterwildnis auf Seiten Hans Castorps die Rede sein konnte, so darum, weil er sie, seines frommen Schreckens ungeachtet, als passenden Schauplatz für das Austragen seiner Gedankenkomplexe empfand, als geziemenden Aufenthalt für einen, der, ohne freilich recht zu wissen, wie er dazu kam, mit Regierungsgeschäften, betreffend Stand und Staat des homo Dei beschwert war.

Kein Mann war hier, der Vorwitzigen auf einem Hörnchen Gefahr geblasen hätte, es sei denn, Herr Settembrini wäre dieser Mann gewesen, als er dem entschwindenden Hans Castorp durch die hohlen Hände zugerufen hatte. Dieser aber hatte Mut und Sympathie, er achtete des Zurufs in seinem Rücken nicht mehr, als er dessen geachtet hatte, der bei gewissen Schritten einst in der Faschingsnacht hinter ihm drein geklungen war. »Eh, Ingegnere, un po' di ragione, sa!« Ach ja, du pädagogischer Satana mit deiner ragione und ribellione, dachte er. Übrigens habe ich dich gern. Du bist zwar ein Windbeutel und Drehorgelmann, aber du meinst es gut, meinst es besser und bist mir lieber als der scharfe kleine Jesuit und Terrorist, der spanische Folter- und Prügelknecht mit seiner Blitzbrille, obgleich er fast immer recht hat, wenn ihr euch zankt ... euch pädagogisch um meine arme Seele rauft, wie Gott und Teufel um den Menschen im Mittelalter ...

Die Beine bepudert, stöckelte er sich irgendwo bleiche Höhen hinan, deren Lakengebreite sich in Terrassen, absatzweise erhoben, höher und höher, man wußte nicht wohin; es schien, dass sie nirgends hinführten; ihre obere Region verschwamm mit dem Himmel, der ebenso nebelweiß war wie sie, und von dem man nicht wusste, wo er anfing; kein Gipfel, keine Gratlinie war sichtbar, es war das dunstige Nichts, gegen das Hans Castorp sich emporschob, und da auch hinter ihm die Welt, das bewohnte Menschental, sich sehr bald schloss und den Augen abhandenkam, auch kein Laut von dorther mehr zu ihm drang, so war denn seine Einsamkeit, ja Verlorenheit, ehe er's gedacht, so tief, wie er sie sich nur hatte wünschen können, tief bis zum Schrecken, der die Vorbedingung des Mutes ist. »Praeterit figura hujus mundi«, sagte er bei sich in einem Latein, das nicht humanistischen Geistes war, – er hatte die Redensart von Naphta gehört. Er blieb stehen und sah sich um. Es war überall gar nichts und nirgends etwas zu sehen, außer einzelnen ganz kleinen Schneeflocken, die aus dem Weiß der Höhe kommend auf das Weiß des Grundes niedersanken, und die Stille ringsumher war gewaltig nichtssagend. Während sein Blick sich in der weißen Leere brach, die ihn blendete, fühlte er sein Herz sich regen, das vom Aufstieg pochte, – dies Herzmuskelorgan, dessen tierische Gestalt und dessen Art zu schlagen er unter den knatternden Blitzen der Durchleuchtungskammer, frevelhafterweise vielleicht, belauscht hatte. Und eine Art von Rührung wandelte ihn an, eine einfache und andächtige Sympathie mit seinem Herzen, dem schlagenden Menschenherzen, so ganz allein hier oben im Eisig-Leeren mit seiner Frage und seinem Rätsel.

4

WESTKÜSTE

Das Kliff der Kreativen

Die Sylter Westküste ist über 38 Kilometer lang und trotzt bis heute nur schwer den täglichen Angriffen des Wetters und der Gezeiten. Sie ist dadurch stetigen Veränderungen sowie vor allen Dingen Verlusten unterworfen. In den vergangenen 9000 Jahren gingen bereits etwa acht Kilometer Land ans Meer verloren, und es ist keine Ende in Sicht: Jährlich gehen weitere ein bis zwei Meter in die Fluten zurück.

Das an der Westküste gelegene berühmte Rote Kliff diente den Seefahrern schon vor vielen Jahrhunderten als leuchtendes Erkennungsmerkmal. Die in der Nacheiszeit entstandene Abbruchkante hat ihre Farbe den eisenhaltigen Bestandteilen zu verdanken. Das nicht nur durch regelmäßige Sturmfluten, sondern auch aufgrund zahlloser Urlaubsgäste bereits deutlich geschrumpfte Kliff wurde 1979 endlich unter Naturschutz gestellt.

So sehr aber an sonnigen Tagen die glitzernden und rauschenden Fluten locken, so samtig sanft die Heide riecht, wenn man von der 30 Meter hohen Kliffkante aus über den samtig wirkenden Strand blickt – bereits wenige Stunden später kann die Lage ganz anders aussehen, und die Hinweisschilder auf Lebensgefahr durch Untiefen und Strömungen schon wenige Meter nach Flutbeginn sollten dringend ernst genommen werden.

Aber gerade dieser ständig wechselnde Widerspruch macht die Faszination aus – das Gefühl, dass hier morgen schon nichts mehr so sein wird wie heute, dass das menschliche Ego keinen Wert und deswegen auch die Probleme kaum eine Größe haben. Ist es das, was so viele Künstler*innen hierhin und nicht an die friedliche Wattseite zieht?

Auch Emil Nolde (1867–1956) zog es an diesen Ort. Der expressionistische Maler, der eigentlich Hans Emil Hansen hieß, sich dann nach seinem Geburtsort Nolde umbenannte und dem später entgegen eigenen Aussagen Antisemitismus und eine große Treue zum Nationalsozialismus nachgewiesen werden konnte, verbrachte im Jahr 1930 mehrere Monate auf Sylt. Aufgrund von Renovierungsarbeiten war er aus seinem Seebüller Atelier geflohen, um hier an der Westküste viele Gemälde fertigzustellen. In seinem Tagebuch heißt es: »Die Wanderungen auf dem festen Sand das Meer entlang waren meine Lust.«

EMIL NOLDE

Mein Leben

Am Westmeer

1930. Das kleine Hülltofttief, der kleine vor unseren Fenstern liegende See, hatte eine wohl mehr als einen Meter tief gefrorene Eisdecke. Der Nachbar Peter Petersen lieferte seine Strohfuder, mit den schwarzen Ackerpferden über das Eis hinüberfahrend, und auch Autos fuhren darüber hinweg. Das alles war außergewöhnlich.

Unser neues, eben gebautes Haus hatte eine schwere Probe zu bestehen, die es nicht bestehen konnte. Die Grundmauern waren zu wenig tief, der Frost ging unter sie, den Bau hochhebend. Es entstanden Risse überall, innen und außen. Auch trieb der Wind den Regen durch die Fugen, so daß man in Eimern das Wasser hinaustragen mußte.

Wir waren in Berlin und entsetzlich überrascht, dies alles, als wir nach Hause kamen, hören und sehen zu müssen.

Unser liebes schönes Haus war uns keine Freude mehr, es war uns eine schwere Sorge geworden. [...]

George Rieve jedoch, ein sehr befähigter Architekt, kam mir zu Hilfe, anordnend, daß die Grundmauern ringsherum Untermauerung erhielten und daß Fenster und Türen vor dem Hineinregnen geschützt würden. Das waren Vorschriften, die der Unternehmer ausführen mußte.

Während der Monate des Geschehens konnte ich unmöglich Ruhe zu schaffender Arbeit finden. Wir entschlossen uns, nach Westerland auf Sylt zu fahren; wir fuhren nach Hörnum mit der Klingelbahn, eine seltsam schlängelnde Fahrt, und wir fuhren auch nach List. In Kampen glaubte ich wohnen und arbeiten zu können, während meine Ada daheim beim Haus und dem Bauen verblieb, beim Bauen mit allen seinen vorher unberechenbaren Unannehmlichkeiten! Es war nicht schön, es war kein leichter Entschluß.

Ich hatte den Wunsch, möglichst allein und nur beobachtend zu leben und zu malen und besonders gern wollte ich wieder einmal das Meer in seiner ganzen wilden Größe sehen und erfassen.

Mit meinen Farben, den Papieren und Leinen war ich nach Kampen gekommen. Ein Fenster, übers Meer schauend, hatte ich gefunden, ja sogar in einem Giebel ein kleines eigenes und schönes Atelier. [...]

Ich ging während der folgenden Tage noch umher am Strand am Meer, und in den Nächten mit den Sternen ich sprach, mit den kleinen, den nahen, den fernen, den tausend Lichtjahren fernen.

Ich frug, ob sie uns Menschen wohlgesinnt seien, ob sie uns beeinflussend beglücken und ob sie mit ihren fernen Schwingungen Menschenschicksale mitbestimmen? – [...]

Nicht Zerstreuung ich suchte, sondern Sammlung.

Einige Tage vergingen, und dann in Erwartung des sich Gebenden stand ich zeichnend und malend.

Es war, als ob die freie Luft, der salzige Geschmack, die tosenden Wogen mich spornten und beglückten.

Herzlich frisch und stärkend war der Wind, die Wanderungen auf dem festen Sand das Meer entlang meine Lust.

Ich war aufgetan, wie blühende Blumen zur Sonne es sind, künstlerisch empfänglich jedem Laut und jeder kleinsten Anregung.

Die Wogen, ihr Grollen, die Wolken vor und über mir, der Strand, die Dünen, das graue Gras, alles war mein.

Und die Menschen, die schwammen und tauchten und spielten und liefen umher, fast ganz der Kleider entblößt.

Die Schönen, die Schlanken, die Dicken, die Krummen, die Mädchen und die Männer, die sonst in ihren Kleidern sind.

Ich vermochte es kaum zu ertragen, was allen anderen so hübsch und frei, gesund und herrlich selbstverständlich schien.

Wie ein Trunkener lief ich stundenlang den Strand entlang oder durch den flüssigen Sand der Dünen, meine Gesänge schreiend, wo es einsam war, schreiend mit den Möwen, die auch so schreien. Seltsam zuvorkommend waren mir manche Menschen, die mich anredend, freundlichst mich suchend, Männer und Frauen, wie nie unter Fremden in der Fremde ich es erwartete oder sonst erfahren hatte.

Sie legten einen Nimbus um den Künstlernamen und schauten mich prüfend seltsam an, als ob ich ein anderer sei als die vielen anderen Menschen.

Ich begriff alles kaum und nahm es hin, gelassen bewegt, wie auch meine Farben es waren, ob ich die graugrünen Dünen malte, das tosende Meer oder die Menschen.

Gespräche sich gaben und Diskussionen. Einblicke erhielt ich in manche Ereignisse und in die ganze tiefe, leichte, glückliche und unglückliche Menschheit, wie sie auf Erden lebt und leidet.

Menschen und Menschen sind meine Bilder in ihrer aller Verschiedenheit, ihrem Aussehen, ihrem Gewand, ihrem Charakter, ihrem Seelenleben.

Einen Pianisten mit seiner Löwenmähne malte ich während seiner eigenen Akkorde, und auch die herrlichen Kompositionen unserer großen deutschen Musiker den Raum füllten.

Kinder malte ich, wie kleine Tierchen im graugelben Sand krabbelnd, am Strand laufend, in den Wellen plätschernd.

Blumen brachten mir junge Menschen, so schön wie dort sie selten sind, ich konnte sie brauchen für meine Bilder. Ich malte, was sich vor meinen Papieren und Leinen zeigte: die Wolken, die Wogen, eine Dünenphantasie und dann meine leidenschaftlichen Meerbilder mit Sturzwellen und Gischt.

Ich sah die erregte und wilde Schönheit, die abends ihre

Feuerfinger über den Himmelsbogen ziehen läßt in letzten schwebenden Wolkenstreifen, in loderndem, glühendem Farbenwechsel vergehend.

Ich fühlte die Schwüle der Stunde, ich fühlte sie wie Glut und Funkensprühen, malend, malend in naturgetreuer, gehorsamster Empfindsamkeit, wie erhaltenen Befehlen gehorchend.

Und dann ging es den langen, langen Weg der Westküste entlang auf dem glatten Sand am Strand, bis wieder ich zurückkam zu meinem lichten, lieben Bilderraum, müde, müde.

Am folgenden Tag stand ich wieder malend, getreu wie ein Tagelöhner alle Tage, alle Stunden, bis wieder wandernd ich ging bis nach der Spitze von List, zu dieser seltsamen schweren menschenleeren Natur mit dem drohenden, gellenden Geschrei der Raubmöwen.

Monate waren vergangen, die vielen Menschen verzogen. Es ging gar schnell. Ich war fast ganz allein noch geblieben. Der Herbst war gekommen, die Tage kurz. Gewitterwolken kamen gezogen mit Hagelschauern, – die Blitze fahrend ins Meer.

Mein Sinnen war stumpf, mein glücklicher Frohsinn vorbei, wie im Lebensherbst es oft und quälend so sein kann. Sechs Meerbilder hatte ich stehen in Farben naß und fertig, fast fertig, bis zur Ekstase darnach noch arbeitend und immer, immer wieder sie prüfend anschauend.

5

KAMPEN

////////////////

Ein unbezahlbares Fleckchen Erde

Kampen ist nahezu unbezahlbar. Das gilt sowohl für die Immobilien als auch für den Schmuck bei Wempe – vor allen Dingen aber für all die Schönheit, die dieser Fleck zu bieten hat. Wer einmal auf Sylts höchster Erhebung, der 52 Meter hohen Uwe Düne (benannt nach dem Juristen und Politiker Uwe Jens Lornsen) das Eiland überblickt oder am Roten Kliff stand und vielleicht sogar bei Sonnenuntergang auf die tobende Brandung gesehen hat, dem muss nichts mehr erklärt werden. Man zahlt hier gleich mehrfach – mit viel Geld und vor allen Dingen mit dem Herzen, das man für immer an die Insel verliert.

Wenn man flotten Schrittes über die sogenannte Whiskymeile, die eigentlich Strönwai heißt, spaziert, sich die Oldtimer (Autos wie Menschen) ansieht und vielleicht sogar ein Champagnergläschen im »Gogärtchen« einnimmt, hat man die Prominenz abgehakt und kann sich den wirklich wichtigen Dingen zuwenden. Dafür ist nur ein Wechsel auf die Parallelstraße nötig, die Kurhausstraße, und schon wandert man immer dem Meeresrauschen entgegen.

Nun geht es auf den Kampener Kunst- und Kulturpfad, der auf knapp neun Kilometern einmal durch den ganzen Ort führt und Sie dabei nicht nur mit dessen

Sehenswürdigkeiten, sondern eben auch mit diversen Künstler*innen vertraut macht, die einen Bezug zur Insel haben. Ein sehr lohnenswerter Spaziergang, bei dem man viel sieht, viel lernt und sich danach zur Erholung in der »Kupferkanne« ein großes Stück Butterkuchen verdient hat.

32 Gedenkstelen aus Bronze sind am Rand des Kunstpfades angebracht, auf denen es etwas über Max Frisch, Emmi Leisner, Thomas Mann, Emil Nolde, Ernst Rowohlt, Anita Rée und viele mehr zu lesen gibt. Mit dabei ist auch der Berliner Verleger Siegfried Jacobsohn (1881–1926), der auf Sylt sein Sommerhaus hatte und wie so viele sein Glück auf der Insel fand: »Ich bin wieder da, habe mit Tränen im Auge die Erde geküsst. Mein Herz lebt doch nur hier.« In seinem Tagebuch *Die ersten Tage* (1916) beschreibt der Publizist, wie er auf Sylt im August 1914 die Anfänge des Ersten Weltkriegs erlebt hat.

SIEGFRIED JACOBSOHN

Die ersten Tage

Inzwischen spielen die Kanonen. Ein Feuerstreif fällt auf mein Bett. Ist es zu glauben, dass die fremden Schiffshaubitzen unser Dorf erreichen, ins Strohdach eines Friesenhauses schlagen? Geprassel wie von Flintenschüssen. Aber das ist ja bestimmt nicht möglich. Sollte – denn Feinde können nicht gelandet sein – der brave Badewärter Jens, der gestern stolz in Uniform vorbeigeradelt ist, auf seine Vettern Jahns, Thams, Pahl und Kamp blutdürstig sein? Och nöh!

Allmählich lassen die Erscheinungen sich unterscheiden: Es donnert, regnet, blitzt, und jedem Angriff eines Donnerschlags antwortet ein Kanonenschuss. Dies ist die wahre Spükezeit der Nacht. Ich setze mich ans offene Fenster. Ein Gewitter ist hier immer eine Seltenheit und meist ein Anblick ohnegleichen. Pechschwarz und riesenhaft und drohend ragt der Leuchtturm. Die Blitze vierteln und halbieren seine Form, verzerren seinen Umriss, vollführen über ihm und rechts und links gespensterhafte Flackertänze. Die Schafe neben mir im Stall bezeugen durch Geblöke und Gescharre ihre Todesangst. Aufs Zelt vorm Hause platschen Wassergüsse. Und immer wieder, wenn der Himmel sich sekundenlang verpustet, greifen die Geschütze ein. So geht es, furchtbar prächtig, über eine Stunde. Bis dass der Morgen, angetan mit Purpur, betritt den Tau der hohen Düne dort.

Auf meinem Vorplatz: eine kleine Schar Soldaten. Sie sind vorhin ins Dorf gerückt und schildern das Manöver, das zu ihrer eigenen Überraschung am späten Abend für die Nacht befohlen worden war. Ein Seegefecht zum Schein. Sogar die Minen musste man erproben. Am Strand entdecke ich davon die Spuren. Ich darf nicht bleiben. Also will ich wenigstens zum allerletzten Mal ins Wasser. Ein Abschied für zehn Monate. Langsam und widerwillig trolle ich mich über meinen roten Klinkerweg zurück.

An einem Punkt sieht man so dicht wie nirgends beide Meere aufeinanderstoßen, gehemmt durch einen schmalen Sandstrich: Hier die große, grüne, brüllende, gesalzene Flut und drüben dieses stumme, schwarze, moorig brütende Gewässer zwischen Fest- und Eiland. So ist es im Augenblick. Mit Tageszeit und Witterung ändert sich das Bild. Keines gleicht dem anderen. Aber noch das trübste, regenschwerste strahlt von einer Herrlichkeit, die zu verlassen ... – Schlachtfeld, Wundfieber, kein Schluck Wasser, Aasgeruch ... – Ich bin schon still!

Ordonnanzen sprengen durchs Dorf. Mit ihnen tolle Gerüchte. Attentat auf den Kaiser! Dem Kronprinzen hat man die Hand durchschossen! Siebzehn russische Kriegsschiffe – gibt es überhaupt so viele? – sind in der Ostsee vernichtet worden! Die Dänen gehen über die Grenze und holen sich, eins, zwei, drei, Schleswig-Holstein zurück! *Na, denn is' man gut ...*

Bleik Sönksen, elfjährig, zu meiner Linken, schiebt mit unverkennbarem Nationalhass mein Handgepäck. Wundfieber hin, Schlachtfeld her: Ich beneide ihn doch, dass er hierbleiben kann. Der Fuß klebt mir förmlich am Boden fest. Möwen, Möwen in weißen Flocken. Sonnenschein. Durchsichtige Wolken. Üppig besteckte Wiesen, von denen ich vierzehn Tage zuvor mit den Zwillingen bunte Geburtstagsblumen gepflückt habe.

Schön war der Friede, ein lieblicher Knabe! Meeresduft aus vier Himmelsrichtungen ... Erste Blüte des Heidekrauts ... Ernte-Arbeit im ganzen Bezirk ... Wenn ich den Mut aufbringe, mich umzuwenden, liegt vor mir der Teil der Insel, den ich »*die Griechische Bucht*« getauft habe – warum, weiß ich nicht; aber jedem scheint, dass es passt. Dicht bei der »*Griechischen Bucht*« der Platz, wo ich dereinst eine Hütte bauen, einen Wall herumziehen und von Jahr zu Jahr eine längere Frist vergessen werde, dass es einmal Menschen gegeben hat, die einander gehasst, bekämpft, Bauchschüsse verabfolgt und niedergeritten haben. Wer hat seine Feindschaft wider den Krieg in die schlagenden Worte gefasst, dass Reiche vergehen, aber ein guter Vers besteht? Wenn ich nicht irre: der Staatsminister Wilhelm von Humboldt. Den Rittern, die an uns vorübertraben, gehört ein Vierteljahr, ein halbes Jahr, ein Jahr – dann sind wir wieder an der Reihe, und auf nicht so kurze Zeit.

Der Osthafen. Elfmal war der Südhafen meine Ankunfts- und Abfahrtsstation – jetzt muss ich auf dem Landweg heim, wie alte Weiber. Ein Hauptmann nimmt uns höflich in Empfang und lässt uns für die Überfahrt zum Festland zwischen Motorboot und Segelkutter freie Wahl. Gibt es da eine Wahl? Vielleicht tritt eine Flaute ein, und statt zwei Stunden dauerte es zwölf. Vielleicht auch wird man aus dem Watt ins offene Meer getrieben und landet irgendwo. Leider geht es ziemlich glatt. Der einzige

Zwischenfall ist ein Gewitter, eine schwache Nachgeburt des nächtlichen Naturschauspiels. Ich halte rechts die Hündin Zetta, links einen Blondkopf von zwei Jahren, und Kind und Hund sind wieder füreinander teils Beschützer, teils Beschützte.

Im Süden gießt es, im Norden ist es schon hell. Mehr und mehr Sonne fällt auf das Geschwader, das uns im Nordertief die Insel hütet. Der Kutter saust. Der Wind ist sprunghaft, böig. Ein Ureinwohner mit gewaltiger Schifferfräse läuft von Fock zu Klüwer und von Top zu Fock, hisst, holt herunter, wendet, kreuzt, hisst, und holt abermals herunter. Die graue Wand im Osten lichtet sich jetzt auch. Die ganze Insel liegt auf einmal im Glanz. Es duftet tangig, schaumig, feucht. Man wird durchweht, durchwühlt, auf eine Art durchkältet, dass man glüht. Die Wellen spritzen über Deck. Aus Wind droht Sturm zu werden. Ich lebe zwiefach. »Du meiner Jugend wilder Freund, so sind wir wiederum vereint.« Noch einen Blick – und, nach dreistündiger Fahrt, wirft unser Kutter Anker.

HOBOKENWEG 18
KAMPEN

Eine Villa im Wert von Marcel Proust

Wir wechseln von der stürmischen Westseite des Ortes auf die Ostseite zum Wattenmeer. Der dortige Hobokenweg gilt als die teuerste Straße Deutschlands – hier zieht der Quadratmeterpreis auf bis zu 35 000 Euro hoch. Dafür kann man in aller Ruhe und von hohen Hecken geschützt aufs dänische Festland sehen. Das wird allerdings nur an den wenigsten Tagen des Jahres genutzt, denn zwei Drittel der Immobilien Kampens sind Ferienhäuser und stehen damit zum Großteil leer.

Anthony van Hoboken war ein niederländischer Musikwissenschaftler, nach dem neben besagter Straße auch das sogenannte Hoboken-Verzeichnis benannt ist, das gebräuchlichste Werkverzeichnis der Kompositionen Joseph Haydns. 1922 heiratete er die Schauspielerin und Lektorin Annemarie »Mirl« Seidel und schenkte ihr ein Haus mit Meerblick. Davon wiederum profitierte nach der Scheidung des Künstlerehepaars der neue Mann: Peter Suhrkamp, den Seidel 1935 heiratete und der ein Jahr später Verlagsleiter beim S. Fischer Verlag wurde. Ihr Sommerhaus in Kampen nutzte das Paar nicht nur für eigene Aufenthalte, sondern stellte es auch als kreativen Rückzugsort anderen Künstler*innen zur Verfügung wie Max Frisch, Ernst Penzoldt, Carl Zuckmayer und Alfred Andersch.

Aufgrund seines engen Kontaktes zu »subversiven Widerstandskreisen« und der wiederholten Widersetzung gegen das Veröffentlichungsverbot von Inhalten und Autor*innen wurde Suhrkamp 1944 wegen Hochverrats angeklagt und ins Gefängnis sowie später ins Konzentrationslager Sachsenhausen gebracht – von den Folgen konnte er sich nie wieder ganz erholen. Nach der Kapitulation erhielt er die erste Verlagslizenz in Berlin. Um für den Verlag die deutschen Rechte am Werk Marcel Prousts erwerben zu können, verkaufte Suhrkamp 1953 für 45 000 DM das Haus im Hobokenweg – ebenfalls an einen Verleger: Axel Springer.

Peter Suhrkamp verstarb 1959 – seine Asche wurde auf dem Friedhof der Inselkirche St. Severin in Keitum auf Sylt beigesetzt. In seinen postum veröffentlichten Briefen an seine Frau Mirl schreibt er über den Inselalltag im Krieg, und dabei ebenso selbstverständlich über Hausprobleme wie über fallende Bomben.

PETER SUHRKAMP

Nun leb wohl! Und hab's gut

Kampen, Freitag, den 24. Oktober 1941

Liebste Mirl –
ich habe hier alles so vorgefunden, wie wir es vor gut 4 Wochen verlassen hatten. Die schmutzige Wäsche von

damals lag noch in einem Bettlaken auf der Wäschetruhe im Vorplatz, so dass ich mir die Handtücher von damals wieder heraussuchen konnte. Ich habe Frau Spieß gefragt, ob ich sie nicht vielleicht besser selber zu Sörensen tragen sollte, das Gras nicht gemäht, die Fenster nicht gestrichen, die Dächer nicht gemacht. Nur Sörensen hat die Kellerluken tadellos verzementiert und die Verdunkelung in der Küche und in meinem Zimmer fertig gemacht. Jetzt bin ich im Begriff, nach Westerland zu fahren, um persönlich mit dem Bürgermeister und dem Polizeimeister wegen eines Urlaubs für Sobiella zu sprechen. Ob's helfen wird? Auf dem Rückweg geh ich in Wenningstedt bei Jansen vorbei, damit er die Ofentüren macht und bald den Motor aus der Pumpe ausbaut. Heute Nachmittag kommt Sörensen. Wir wollen miteinander die Löcher auf dem Dach des kleinen Hauses mit Hühnerdraht überspannen, damit sie nicht weiter aufgerissen werden. Das Dach des großen Hauses sieht noch aus wie damals; natürlich kann das auch beim nächsten Sturm schlimmer werden, aber da kommen wir mit der Leiter allein nicht hinauf.

Gestern habe ich, nachdem ich mich bei Wiechert, Johannsens und Frl. Warneke, Frl. Jäger und Franzen gemeldet hatte und bei Frau Gellinek besprochen hatte, was sie wegen ihres Daches unternahm, den Zaun nachgesehen und alle gelockerten Latten abgenommen. Gegessen habe ich bei Wiechert. Man konnte es ihnen nicht abschlagen, ohne verletzend zu werden. Ich hatte ihm einen Claudius mitgebracht. Zehrers sind nicht mehr da.

Am Abend meiner Ankunft war Nordlicht. Die Scheinwerfer suchten es nach Engländern ab, da die Landratten davon offenbar nicht wussten, was das ist und eine Invasion der Engländer mit besonderen Dingen kommen sahen. Heute Nacht war von ½ 11 bis ½ 6 der hier übliche Alarm. Nur bei den Dünen muss was los gewesen sein, denn nach einem harten Einschlag brannte es dort. Vielleicht war's auch ein abgestürzter Flieger. Das werde ich heute sicher hören, was los war.

Das Wetter ist wunderbar. Nachdem es die letzten Wochen nur regnete und stürmte, ist es mit meinem Einzug wieder so schön geworden. Wie vor vier Wochen. Nur ist es schon sehr viel frischer jetzt. Ohne Mantel kann man doch nicht mehr draußen sein, und das Haus ist fußkalt.

So – Mirl – jetzt muss ich mich fertig machen für Westerland.

Leb wohl, bleib gesund und guten Mutes. Grüß alle dort!

Herzlichst

Dein *Peter*

Kampen
Sonnabend den 25. Oktober 1941

Geliebte Mirl –

während ich schreibe, sitzt Sobiella auf dem Dach unseres Hauses. Gott sei Dank! Ich hatte also gestern in Westerland Glück. Während ich beim Polizeimeister die Unhaltbarkeit der Lage drastisch darstellte, kam Sobiella da herein. Er wurde also frei gemacht. Aber ihm wurde aufgegeben, zuerst zu Frau Gellinek zu gehen, die durch den Brand von Frau Bösch großen Dachschaden hat; anschließend müsste er zunächst beim Marineamt eine Sache machen; diese beiden vordringlichen offiziellen Dinge müssten erledigt sein, danach könnte er zu mir. Sobiella bemerkte aber gleich, dass die Arbeit bei der Marineverwaltung allein 14 Tage brauche.

Ich wartete also draußen auf Sobiella und kriegte ihn dazu, dass er unser Haus vorwegnahm. Er ist auch nur für eine Woche freigemacht. Nachmittags schien dann alles wieder schiefzugehen. Ich musste nach Reet laufen: zu Kamp, Knudsen, Brodersen usw. Dadurch war schnell im Dorf herum, dass der Dachdecker zu mir komme; natürlich auch bei Frau Gellinek. Gegen Abend jedenfalls rief mich Sobiella an, Frau G. habe sich nach Westerland gewandt, und von dort hätte man ihm schon Krach gemacht. Darauf ich zu Frau Gellinek – und wir einigten uns. Natürlich ist das ganze Dorf etwas aufgebracht über meinen Vorzug; aber ich kann doch nicht dafür. Dumm ist nur, dass die Zeit Sobiellas so knapp ist, dass ich nicht einmal etwas für Fräulein Warneke und Zehrers herausholen kann. Das ist wirklich dumm! Aber wäre ich zurückgestanden, wäre unser Haus erst in Wochen drangekommen; und was hätte bis dahin alles sein können. Sobald es kalt wird und wieder Stürme kommen, ist es mit der Arbeit auf dem Dach ja wieder ganz aus.

Die drei Dächer werden also heute fertig. Auf der Garage sind auch drei Löcher. Danach kann ich dann also morgen früh beruhigt abfahren. Es ist auch höchste Zeit, denn Donnerstag schon wurde aus Berlin nach mir geschrien. Es scheint, dass wir nicht drum herumkommen und vom Personal jemanden frei machen müssen für Kriegsproduktion. Innerhalb unseres Gewerbes hat es eine Auflage gegeben, nach der jeder Betrieb 25 % abgeben muss. Das ist bei mir unmöglich, und anscheinend komme ich noch mit einem davon; aber auch das ist schon schwer. Und wen soll man nun preisgeben. Für den Betroffenen ist es in jedem Fall eine große Härte.

Heute ist es bedeckt, und die Luft steht still, so dass der Rauch nicht aus dem Schornstein will. – Die letzte Nacht war ruhig. Es ist aber jetzt sehr lebhaft, als erwartete man etwas. Beim letzten Angriff wurden in den Dünen einige zwanzig Brandbomben geworfen, und zwischen Wenningstedt und Westerland eine Sprengbombe. In den Dünen ging ein Raketenlager in die Luft.

Jetzt muss ich wieder zum Dachdecken. Das Nächste wieder aus Berlin.

Herzlichst

Dein Peter

7

WENNINGSTEDT

////////////////////////////

Die stormische Kurpromenade

Wenningstedt (Westseite) bildete früher mit Brade-rup (Ostseite) und Kampen eine Gemeinde, die »Nord-dörfer«. Seit 1927 ist Kampen eigenständig; 2002 wurde Wenningstedt in Wenningstedt-Braderup um-benannt und offiziell ein Kurort. Auch wenn Sie den Aufenthalt wahrscheinlich nicht verschrieben be-kommen haben, den Erholungseffekt werden Sie spü-ren. Eigentlich sollte es ihn auf Rezept geben: An ei-nem Sommertag durch die Braderuper Heide zu wan-dern (137 Hektar vom Weißen Kliff im Süden bis zu den Salzwiesen im Norden) und dabei die blühende Heide (ab April die Krähenbeere, ab Juli die Glocken-heide, danach bis Spätherbst die Besenheide) zu ge-nießen, die ihren unnachahmlichen Geruch mit dem des Meeres mischt und deren violette Blüten den Bo-den wie einen Teppich bedecken, das hat seine ganz eigene Poesie.

Als kleinere Runde bietet sich ein Spaziergang um den Wenningstedter Dorfteich an. Im Sommer kann man sich hier mit einem guten Buch niederlassen und die dort inzwischen heimischen Tiere in und auf dem Wasser beobachten. Und im Winter bringen Sie ein-fach die Schlittschuhe und eine Thermoskanne mit!

Spätestens gen Abend findet man sich auf der Wenningstedter Kurpromenade ein, wo zahlreiche Restaurants allerlei Kulinarisches bieten. Im Idealfall setzt man sich aber mit lieben Menschen und einem kleinen Picknickkörbchen in einen Strandkorb und lässt den Tag samt Sonne ins Meer ziehen – mehr bzw. Meer Eventgastronomie geht nicht. Anschließend finden wenige Schritte weiter im Kursaal, direkt neben der zuckersüßen kleinen Badebuchhandlung, lohnende Veranstaltungen wie z. B. Lesungen statt.

Ein berühmter Schriftsteller und Gast der Insel sah sich im Sommer 1887 hier sogar zu einer Novelle inspiriert: Der damals 69-jährige Theodor Storm (1817–1888). Knapp ein Jahr vor seinem Tod recherchierte er Sylter Sagen, die er zur Grundlage für eine eigene Geschichte machen wollte. Leider kam es nie zur Fertigstellung, die gefundenen Notizen blieben in der Entwurfsfassung.

THEODOR STORM

Sylter Novelle

Einem Sylter in Wenningstedt wird seine einzige Tochter von einem dänischen Seeoffizier verführt (das Schiff ist hier stationiert). Hass des Sylters gegen das Militär und alles Gesetzliche. Er strandraubt. Der König setzt einen energischen Landvogt ein. Dieser hat eine halberwachsene Tochter.

Die Verführte war im Wochenbett gestorben; der hinterlassene Sohn (Lars) wird vom Großvater im Hass gegen das Militär und das Gesetz erzogen und ist verrufen auf der Insel. Er ist schön und stark, gleich des Landvogts Tochter. Da – zur Jahrmarktszeit – tritt er ihr, die von anderen Knaben und Mädchen umringt ist, entgegen. Jene warnen sie vor dem gefürchteten Jungen, und sie sagt ihnen, sie sollten ihn wegjagen. Sie versuchen es; er wirft sie. Da werden die Augen des Mädchens zornig. »Zurück, lasst mich! Nein, allein!« ruft sie. Und das schöne, kräftige Mädchen stürmt gegen ihn. Er starrt sie an, und wie sie mit ihren kleinen festen Händen ihn packt, kommt es wie Lähmung über ihn; sie wirft ihn zu Boden und setzt ihren Fuß auf seinen Nacken. Er geht schweigend fort.

Die Tochter des Landvogts geht gern in die Dünen. Es spukt dort; Geheul und Geschrei (aber auf Anstiften des alten Sylters von seinem Enkel Lars veranstaltet, um die Menschen fortzuscheuchen). Da tritt der Alte ihr entgegen. Sie erschrickt und entflieht. Lachend kommt der Alte hinterher; sie stürzt, verrenkt den Fuß und kann nicht wieder aufkommen. Plötzlich ist der Junge zur Stelle. Er hebt sie sanft vom Boden. »Trage mich nach Haus!« befiehlt sie ihm – »Ja«, und er tut es. Sorgfältig wie eine Mutter trägt er sie. »Du bist doch der Stärkste«, sagt sie sanft und schließt dabei die Augen. »Nur jetzt«, sagt er, »aber mach doch die Augen auf!« – »Willst du es?« – »Ich will es nicht, ich bitte dich nur darum; denn du bist doch die

Stärkste!« Da tut sie es. So gehen sie Aug in Auge. Lars strauchelt einmal. Fast wären sie gefallen. Er trägt sie nach Westerland ans Haus und pocht das Gesinde heraus. Dann wendet er sich, und schweigend entflieht er, als hätte er ein Verbrechen begangen.

Zwiespalt in ihr, wer der Mächtigste.

Lars sagt ihr, dass er von dem Alten fort will und zur See. Er hat sie vor dem Alten beschützt, und deshalb ist der Alte gegen ihn. Lars verschwindet (geht zur See).

Sie verlobt sich nach zwei Jahren und denkt seiner nicht mehr sehr. Das ist wesentlich das Werk ihres Vaters, des Landvogts. Eines Tages sitzen die Verlobten zusammen in der Laube. Sie duldet unangenehm seine Zärtlichkeiten. Als er sie umfassen will, springt der Schiffer (Lars) herein und wirft ihn über den Zaun. Sie ist empört; erbittert weist sie Lars zurück. Der Bräutigam, geschunden und gestoßen, klagt. Da wird ihr der Kontrast zwischen den beiden bewusst; sie lächelt innerlich.

Hochzeitsnacht. Ihre Zuneigung zum Bräutigam ist etwas erschüttert. Am Tage vor der Hochzeit gehen sie in die Dünen, um von der Größe und Stille Abschied zu nehmen. Der Schiffer (Lars) will auch folgen, ist auch da. Sein Schatten wird ihr sichtbar. Das Brausen des Meeres. Es fällt ihr auf die Seele: Morgen sollst du den Jämmerlichen heiraten. Mondlicht in den Dünen. Wut, Groll, Leidenschaft und Erbitterung gegen die Menschen kämpfen in ihr mit der keuschen Scheu, die ihr die Herrschaft über ihn gibt. Sie begegnen sich: »Weshalb bist du hier?« – »Wohl deshalb wie du: Ich will nicht, was ich soll.« – »Ich weiß, du verachtest mich. Trete mich mit Füßen! Nur einen Blick in Deine Augen!« Er umfasst sie. Sie steht reglos. Da schlägt sie die Arme um ihn. Rasende Leidenschaft von beiden Seiten. Brautnacht in den Dünen. Das Meer.

Er wirft sich vor ihr nieder. Sie verlangt, dass er ihr verspricht, nie wiederzukommen, sie nie wiederzusehen. Er verspricht es. Sie weiß, dass er am nächsten Morgen fort muss.

Am Morgen: Trauung in der Kirche. Zwiespalt in ihr, dass sie schon mit einem Ehebruch in die Ehe tritt. Der Priester spricht von der Wahrheit als Grundlage der Ehe. Auf seine Frage, ob sie gewillt sei, dem Bräutigam die Hand zur Ehe zu reichen, sagt sie: »Nein!« Aufruhr in der Kirche. Zorn des Vaters (des Landvogts). Aber sie will nicht. Der Bräutigam fort; er verlässt die Insel.

Sie lebt im väterlichen Haus, bis ihre Schwangerschaft deutlich wird. Dann wird sie vom Vater verstoßen. Bei dem alten Sylter (in Wenningstedt) sucht sie Hilfe. Sie erzählt ihm alles. Höhnische Freude des Alten an seinem Enkel (Lars), dass er seine Mutter gerächt hat. Der Alte nimmt sie auf. Aber er verlangt strengen Gehorsam. Sie bleibt als Aschenbrödel, muss sogar bei Strandraubfällen Dienste tun.

Sie gebiert ein Kind. Sie sehnt sich nach Lars. Jedes Segel lässt sie hoffen; aber sie weiß, er wird sein Wort nicht brechen.

Sturm. Ein alter Schiffer erzählt, er habe bei einem gewaltigen Kapitän Dienst getan; der sei vor einigen Tagen in die Nordsee eingelaufen und habe zwischen Sylt und Helgoland nach Hamburg wollen. »Wenn der Sturm ihn jetzt nur nicht zu fassen kriegt!«

Nachts Strandfall. Der alle Sylter (von Wenningstedt) sammelt seine Kameraden. Der Alte läuft, um sein Gewerbe zu betreiben, an den Strand. Sie, von der Angst erfasst, es könne Lars sein, folgt dem Alten.

In den Dünen (zwischen Wenningstedt und Westerland) kommt es zum Kampf zwischen den Überlebenden des gestrandeten Schiffes und den Strandräubern. Kampf in der Dunkelheit zwischen (Groß-)Vater und Sohn. Sie kommt dazu und findet Lars tot.

Sie gerät in ein Dünental, läuft im Dämmern gegen einen Pfahl, der im Sande eingerammt ist. Sie sieht auf: Da stehen wohl über zwanzig Pfähle. Sie weiß es, man hat es ihr gesagt; da liegen die Heimatlosen, die Gestrandeten, die Erschlagenen. (Man darf dem Meer nicht ganz rauben, was es sich erobert, darum in den Dünen begraben.) Ihr graut. Sie läuft zwischen die Pfähle durch. Da – Geheul von einer Seite, es antwortet von der anderen.

Sie entflieht und fällt.

Eine irrsinnige Frau geht in den Dünen um.

8

FRIEDRICHSTRASSE
WESTERLAND

Die Blütezeit der toten Nagetiere

Seit 1927 betreten Reisende Westerland durch die schöne Bahnhofshalle. Ein weiteres Wahrzeichen sind die 2001 installierten »Reisenden Riesen« des Künstlers Martin Wolke – überlebensgroße grüne Figuren, die vom Westwind zerzaust den Vorplatz zieren. Links biegen Sie in die Wilhelmstraße ein, begrüßen die 175 Kilogramm schwere bronzene Wilhelmine und betreten wenige Meter später die »Hauptstraße« von Westerland: die Friedrichstraße, erst seit 1972 eine Fußgängerzone und die berühmteste Flanierzone der Insel. 1888 erhielt der Weg diesen Namen, weil gleich zwei Männer mit dem Vornamen »Friedrich« ihre Liegenschaften für den Ausbau der Straße freigaben.

In den 1960er Jahren mussten leider viele schöne Häuser dem Bauboom weichen – mehrere Bäderstilvillen wurden für Appartementblocks abgerissen, da ein Neubau oft günstiger als die aufwendige Restaurierung war. Damals waren die meisten Geschäfte noch in Sylter Hand, die Einzelhandelsbetriebe und Cafés wurden von Insulaner*innen betrieben. Dazu gehört auch das Kaufhaus H. B. Jensen. 1855 hatte der Kolonialwarenhändler Hans Boy Jensen erstmalig sein Geschäft in der Stadumstraße eröffnet, 1907 zog das

Unternehmen dann an den heutigen Sitz, die Friedrichstraße 1.

Mit dem Wirtschaftswunder kam auch der Tourismus in Fahrt, immer mehr Ketten ließen sich nieder, die Pachtkosten vervielfachten sich, und es entwickelte sich das heutige Potpourri aus Baustilen und Angeboten – eine kleinere Kopie der meisten deutschen Innenstädte. Da muss man inzwischen durch, wenn man am Ende der Straße sein Ziel erreichen möchte: den Weststrand mit der dazugehörigen Promenade.

Über die Blütezeit von Westerland schreibt die 1963 auf Sylt geborene Autorin Susanne Matthiessen ebenso kritisch wie empathisch in ihrem Roman *Ozelot und Friesennerz* (2020). Ihre Eltern besaßen das damals berühmte Pelzgeschäft »Matthiessen« in der Friedrichstraße, in dem sich in den 1970er Jahren der Jetset einkleidete. Ein spannender Bericht über prägende Jahre für Westerland sowie die gesamte Insel.

SUSANNE MATTHIESSEN

Ozelot und Friesennerz

Niemand wird mehr »Westerland/Sylt« als Geburtsort im Pass stehen haben. Dabei ist das doch wie Feenstaub. Diese Adresse verwandelt jeden Normalbürger in ein Sondermodell. Besser und exklusiver als Monaco. Als echte Sylterin gehört man qua Geburt automatisch einem

Adelsgeschlecht an. Man ist immer etwas Besonderes. Wo auch immer der Personalausweis zum Einsatz kommt, sofort ist man im Gespräch. Kein Autoaufkleber wird in Deutschland häufiger gekauft als der Schattenriss der Insel. Inzwischen schon als Swarovski-Modell mit funkelnden Strasssteinen erhältlich. Ein Sehnsuchtsort, ein Fluchtpunkt für so viele Menschen. Und was man im Überschwang der Gefühle gern mal vergisst: auch ein Heimatort. Für mich zum Beispiel.

Ich wurde hineingeboren in diese Insel und bin ein Teil von ihr geworden. Ich bin mit ihr über so viele Jahre so stark verwachsen, dass ich mich nie wirklich überwinden konnte, meinen ersten Wohnsitz woandershin zu verlegen. Wenn einer die Insel quält, quält er auch mich. Wer Anspruch erhebt auf diese Insel, und das werden immer mehr, erhebt auch Anspruch auf mich. Wer durch die geschützten Dünen trampelt, der trampelt durch mich. Ich nehme es persönlich, wenn ich in der Sylter Rundschau lese: »FKK: Das Ende der Freikörperkultur. Immer weniger Menschen trauen sich nackt an den Strand.«

Denn nackt sein ist jetzt anstößig. Man wird von Badehosenträgern mit Handys gefilmt und als Mutant verhöhnt. Dabei heißt nackt sein doch frei sein. Schon gar in Wind, Sonne und Wellen. Wer die Nackten kränkt, kränkt auch mich. Wer die Nackten in weit entlegene Strandreservate verbannen will, der will auch uns Sylter loswerden. Ich frage mich schon lange, ob ich hier auf meiner eigenen Insel noch zu Hause bin. Aber wegziehen funktioniert nicht, das habe ich schon versucht. Ich kann mich eben nicht selbst verlassen.

Da ist ja auch noch so was wie Verantwortung. Denn diese Entwicklung haben wir uns selbst zuzuschreiben. Wir haben einfach alles aus der Hand gegeben. Die Brandstifter können nicht ernst meinen, was sie sagen, haben wir Biedermänner geglaubt und ihnen immer mehr Raum in unserem Haus gewährt. Bis sie es angezündet haben und fast zerstörten. In dem berühmten Theaterstück von Max Frisch haben die Eindringliche ihre Taten angekündigt, und der gutgläubige Bürger wollte es nicht wahrhaben, bis es zu spät war. Das Tückische an den Brandstiftern in der Literatur wie in der Realität war und ist, dass sie wie Freunde daherkommen. Sie sagen schreckliche Dinge, aber so charmant, dass der Biedermann ihnen nichts Zerstörerisches zutrauen kann. Sie wollten doch einfach nur auch ein kleines Stückchen dieser wundervollen Insel in ihren Besitz nehmen, wer könnte es ihnen verdenken. Und deshalb haben wir ihnen auch etwas abgegeben. Es war ja genug da. Gegen Geld natürlich. Sie nahmen aber immer mehr und mehr. Und für uns blieb weniger und weniger.

Die letzten zehn Jahre haben uns dann den Rest gegeben. Wir sind reich. Aber uns fehlen die Leute bei der Feuerwehr. Und viele von uns haben überhaupt keine echten Nachbarn mehr. Schulen wurden zusammengelegt oder ganz dichtgemacht. Mein Elternhaus? Abgerissen. Stehen jetzt vier langweilige Hausscheiben drauf. Dörfliches Leben gibt es eigentlich nur noch in Morsum und in Tinnum. Die Orte Kampen, Keitum, Rantum, Wenningstedt – leer. War es das wert? Meine Mutter sagt, ich übertreibe. Meine Freundin Korne sagt: »Alles hat seine Zeit.« Mein Vermieter sagt: »Hängen Sie bloß kein Protestplakat aus dem Fenster wie in Barcelona!« Meine frühere Deutschlehrerin sagt, wir würden alle als Wattwürmer wiedergeboren und müssten auf ewig durch den Schlick kriechen.

Apropos Wiedergeburt. Wie alle Sylter bin ich in der »Nordseeklinik« bei auflaufendem Wasser zur Welt gekommen. Direkt hinter der Düne. Auf Sylt kamen die Kinder immer mit der Flut. Setzten die Wehen ein, überprüfte die Hebamme erst einmal den Gezeitenkalender. Lief das Wasser ab, hatten wir noch jede Menge Zeit. Ob das jetzt genauso ist, wenn man auf dem Festland geboren wird, weiß ich gar nicht. Die Babys kommen ja jetzt aus Flensburg. Ob die auch mit der Flut rausgespült werden? Haben Säuglinge, die an der vergleichsweise zivilisierten Ostsee zur Welt kommen, denselben Respekt vor der Unberechenbarkeit des Meeres wie wir? Spüren sie die Gefahr des lauernden Untergangs? Gehören sie noch zu unserer Schicksalsgemeinschaft? Kaum ein Wort könnte besser beschreiben, was uns, die Kinder dieser Insel zusammenschweißt. Laut Wikipedia bedeutet Schicksalsgemeinschaft »eine Gruppe von Personen, die einem gemeinsamen Schicksal ausgesetzt ist, zum Beispiel einer risikobehafteten oder gefährlichen Situation. Beispiele hierfür sind Schiffbrüchige, Geiseln oder in einem Bergwerk eingeschlossene Personen.«

Ja. Wir sind Eingeschlossene. Wir sitzen auf einer kleinen Insel, auf 99 Quadratkilometern, und um uns herum ist nur Wasser. Wohin man sich auch wendet, überall ist Endlosigkeit. Wir sind »Geiseln«. Wir kommen einfach nicht los von diesem großen Sandhaufen im Meer. Und wir sind auch Schiffbrüchige. Irgendwann über Bord gegangen, ohne dass es jemand bemerkt hätte. Und doch wurde jeder von uns wieder angespült – mehr oder weniger heil. Aber die Insel, die wir kannten, gibt es nicht mehr.

Gendergetrennte Badebereiche und Muscheleien

Im Jahr 1855 wurde Westerland offiziell ein »Seebad« und öffnete sich damit dem Tourismus – ganze 98 Kurgäste nutzten das Angebot in dieser ersten Saison. Inzwischen gibt es jährlich fast fünf Millionen Übernachtungen auf der Insel, und der erste Weg führt die Gäste meist an die Westerländer Promenade sowie an den dazugehörigen Strand. Er ist über sechs Kilometer lang und bietet genug Platz für Menschen und Tiere – darunter sogar Schweinswale, die selbstverständlich auch ohne Kurkarte in den gerne von Profisurfern genutzten Fluten baden dürfen.

Noch Ende des 19. Jahrhunderts waren die Strandbereiche in ein Herren- und ein Damenbad eingeteilt. In Badekarren direkt am Wasser konnte man sich umziehen, und schon damals lud ein Café zum Verweilen ein. Ab 1900 beliefert der Rostocker Hof-Korbmacher Wilhelm Bartelmann den Westerländer Strand mit den heute bekannten und beliebten Strandkörben – bis zu 3000 Stück stehen den Gästen dort inzwischen zur Verfügung. Viele verlieben sich in diese so sehr, dass sie nach der Saison ihre Lieblingsnummer erwerben und als Erinnerung in den heimischen Garten stellen.

Seit 1879 gibt es auch die Kurmusik in der dazugehörigen »Muschel«, die jedoch schon mehrmals von den Fluten zerstört und neu aufgebaut werden musste. Auch die Promenade muss aufgrund von Wind, Salzwasser und regelmäßiger Sturmfluten regelmäßig erneuert und saniert werden. Die Brandung trägt dort jährlich zwischen ein bis vier Meter der Insel ab. Seit 1972 wird dem durch Sandvorspülungen entgegengewirkt, etwa 200 000 Kubikmeter laden Spezialschiffe dafür vor dem Strand ab, damit weiterhin kuriert und flaniert werden kann.

Der Journalist und Verleger Julius Rodenberg (1831–1914) teilte mit seinem Autor Theodor Storm das Interesse an Westerland. Bei seinem Besuch im August 1859 ahnte er aber noch nichts vom heutigen Massentourismus, wie er in seinen Beobachtungen *Stillleben auf Sylt* (1871) schreibt.

JULIUS RODENBERG

Stillleben auf Sylt

Der Besuch von Westerland wird von Jahr zu Jahr wach-sen; aber ein Bad für die große und fashionable Welt wird es nicht werden. Es werden Leute hierherkommen, die wie wir, Sehnsucht haben nach der Stille, in der die erschütterten Saiten ihres Innern endlich einmal austönen können; Leute, die dem bunten, flüchtigen Tand entfliehen wollen, anstatt ihn aufzusuchen, die wieder einmal auf kurze Zeit – da ihnen längere nicht gegönnt ist – in die kunstlos einfachen, die natürlichen Bedingungen des Lebens zurückkehren möchten, aus denen sie hervorgegangen sind, die einen mit, die andern ohne Schuld.

Mein einziger Umgang unter den hiesigen Badegästen ist ein Müller aus Mecklenburg und ein Wattenfabrikant aus Westfalen. Die guten Leute wissen nicht wie sie hierhergekommen sind; ich weiß es auch nicht. Aber es tut mir wohl, von Mehl und Watten und Packeseln und Kleinstädtern sprechen zu hören; ich fühle mich in die Sphäre und die Räume meiner Kindheit zurückversetzt, und das vollendet das Glück und den Frieden, dessen ich hier vollauf genieße.

Unser Lebenslauf ist höchst einfach und ein Tagewerk gleicht dem andern. Wir stehen in früher Morgenstunde auf, und noch halbwarm vom Schlummer und Traum der Nacht stürzen wir uns in den Schaum des Meeres und fühlen uns mit eins gekühlt und gestärkt. Dann gehen wir den Strand entlang und sehen, was die letzte Flut gebracht hat. Etwas *Tuul*, – jene schwarzen Torfreste der Wälder von Altsylt – pflegt jedes Mal da zu sein. Auch an *Quallen* fehlt es nicht: blaue Mollusken mit schönen, bunten Rändern. Manche Flut wirft Tausende zugleich aus; es ist schwer, diesen weichen Klumpen beim Gehen auszuweichen, oft sogar beim Baden schlägt eine Welle sie heran und man fühlt noch lange ein Brennen an dem Fleck, wo das giftige

Halbtier gesessen. Bunte Muscheln, zarte Kiesel liegen vor uns ausgestreut. Einjährige Möwen, an den grauen Flügeldecken zu erkennen, spazieren durch das stehen gebliebene Wasser in den Strandrinnen; weiße Möwen schweben in breitem Fluge aus den Dünennestern dem Meere zu und noch lange bleibt ihre Schar wie eine Silberflocke über der blauen Tiefe sichtbar. Auch der Strandläufer stelzt zuweilen eilfertig an uns vorbei; aber der Sand, der unter unsern Tritten knirscht, scheucht ihn auf und seewärts fliegt er. Je nach dem Winde und der Richtung des Flutstroms finden sich Pflanzen aus den verschiedenen Regionen und Distrikten des Meergrundes. Schwarze, traurige Gewächse, oder braune und zäh wie Leder, mit langen Fäden, harten Glocken und verworrenen Büscheln, an denen Sand klebt. Aufgeplatzte Rocheneier – lederartig und mit Spitzen versehen – hängen dazwischen. Die rötlichen Schalen der Hummer und des Seekrebses brechen unter unseren Sohlen. In einer vom Seewasser gewühlten Grube liegt ein toter Kabeljau, und die Möwen und Wasserspinnen halten ihr Fest an ihm. Ein schwarzes Brett treibt auf dem Wasser; die eine Welle schleppt es heran, die andere schwemmt es zurück. Zuletzt liegt es schaumtriefend im Sande fest. Es ist eine Schiffsplanke. Wer sagt mir, woher sie kommt? Wie lange sie schon in dem Meere getrieben? Wer sagt mir, ob nicht ein Mensch an ihr bis zum Letzten gehängt, und sie fahren ließ und niederging? Das Brett schweigt. Es liegt im Sande fest. Einen Holznagel treibe ich aus der Fuge und trage ihn zum Andenken mit mir. Kein menschliches Wesen außer mir ist am Strande; ganz ferne in der blendenden Helligkeit des weißen Sandes und der Morgensonne wird ein schwarzer Punkt sichtbar, der sich zu bewegen scheint. Es ist der Strandvogt, der die Runde macht.

Nun ist es Frühstückszeit und über die Dünen gehe ich zurück. Mein Haus ist das erste unter den Dünen. Brigitte hat den Tisch mit einem sauberen Leinen bedeckt, der Kaffee ist fertig, Brot, Butter und Eier sind da, und die beste Milch. Eine Kerze steht zum Anzünden bereit; daneben liegt die frische Tonpfeife mit der Siegellackspitze und in einem bunten Schälchen holländischer Rauchtabak. Welch eine Lust, wenn die bläulichen Duftwolken emporkräuseln! Wenn das Meer von Ferne rauscht; durch das eine, halboffene Fensterchen die Morgensonne, die Morgenluft strömt; wenn der Blick auf die ruhige Heide geht, mit einigen Schafen, hier und da, mit weidenden Kühen und einem oder zwei Sylter Mädchen, die fern auf den Fußsteigen durch die Wiesen gehen. Alles ist lautlos, alles ist still; auf dem weichen Rasenboden ist kein Tritt zu hören. Nur Meeresrauschen, Windesrauschen, das Blöken des Schafes, der Ruf der Kuh, das Gackern der Hühner – nichts vernehmbar, als die Haushaltsstimmen der Natur. So ist auch der Wandel meiner Jungfer Brigitte. Ich höre sie nicht, ich sehe sie selten; entweder ist sie bei den Kühen oder bei den Schafen, oder sie sitzt in ihrem Kämmerchen – dabei aber habe ich das Walten gütiger und unermüdlicher Sorgfalt nie näher und wohltuender empfunden. – Wenn der Rest des holländischen Tabaks verdampft worden, begeben wir uns wiederum an den Strand; im leichten Leinenrock mit flatterndem Halstuch, mit bequemen Schuhen. Wir könnten hier im Schlafrock und in Pantoffeln gehen und tun es ab und an.

10

FRIEDHOF DER HEIMATLOSEN WESTERLAND

Der letzte Hafen

Eine Sehenswürdigkeit von Westerland ist weniger ein Tourismus-Hotspot als vielmehr ein Erinnerungs-ort, den man mit Respekt und vielleicht auch ge-schichtlichem Interesse betreten sollte: die Heimat-stätte für Heimatlose an der Ecke Elisabethstraße (zu der wir noch kommen werden) und Käpt'n-Christian-sen-Straße.

Hinter dem kleinen weißen Holztor verbirgt sich ein eher unscheinbarer Ort, bepflanzt mit schlichten Holzgräbern und Rosen – der Friedhof derer, die ohne Namen an den Sylter Stränden gefunden wurden. In den letzten Jahrhunderten gingen fast alle Männer auf Sylt und den angrenzenden Inseln zur See, Väter mit ihren Söhnen, diese oft nicht mal zehn Jahre alt. Wal-fang war für die Insulaner ebenso wie für die Dänen, Holländer und Engländer ab dem 17. Jahrhundert bei Erfolg ein lukratives, aber lebensgefährliches Geschäft, und nicht wenige kehrten nie wieder heim. Der Unter-kieferknochen eines Finnwals vor dem Sylter Heimat-museum, eingerichtet im alten Kapitänshaus in Keitum, erinnert noch heute daran.

Im Jahr 1854 legte der Strandvogt Wulf Hansen De-cker erstmals einen offiziellen Ort für die Schiffbrüchi-

gen an. Auf der einen Seite sollte der Toten respekt-
voll gedacht werden, auf der anderen Seite wollte man
auf die nun immer zahlreicher kommenden Tourist*innen einen guten Eindruck machen. Ähnliche Stätten
gibt es an den meisten Küstenabschnitten rund um die
Nordsee wie z. B. die Friedhöfe der Namenlosen auf
Amrum oder Helgoland. Bis 1905 wurden auf der Sylter Stätte 53 Seeleute beerdigt. Tote, die danach auf-
gefunden wurden, fanden ihre letzte Ruhestätte auf
den offiziellen Friedhöfen in Westerland, List oder Keitum.

Viele Besucher*innen sind von diesem Ort faszi-
niert – so auch Benjamin Lebert. Der 1982 geborene
Schriftsteller machte die Heimatstätte der Heimatlosen zum Ausgangspunkt seines Romans *Mitternachtsweg* (2014). Nach dem Vorbild von Theodor Storm
nimmt er uns mit auf eine poetische wie spannende
Reise in die düstere Sagenwelt der Insel.

BENJAMIN LEBERT

Mitternachtsweg

Die Geschichte, die ich hier erzählen will, beginnt an
einem Grab. Jedenfalls der kleine Teil der Geschichte, der
meine Person betrifft. Ihr ganzes Ausmaß wird von nie-
mandem mehr zu ermessen sein.

Das Grab ist auf einem Friedhof gelegen, den man in

wenigen Schritten durchquert hat. Er ist von einer knapp einen Meter hohen Rosenhecke umgrenzt. Auf der weißen Eingangspforte ist die altmodische Inschrift *Heimstätte für Heimatlose* zu lesen.

Der Friedhof befindet sich auf der von salzigen Winden heimgesuchten Insel Sylt. Wo die Menschen über die Jahrhunderte hinweg ihren Kampf mit dem Meer führen, das sich ihr schmales, langgestrecktes Stück Land einverleiben will. Das Stürme und Fluten hatte kommen lassen, in denen Menschen und ganze Siedlungen verschwanden, das fruchtbare Wiesen und Äcker mit Flugsand überwehte, Körnchen auf Körnchen zu Dünen häufte, Dörfer unter Sand begrub, Schiffe gegen die Küste warf. Wo Schutzmaßnahmen ersonnen wurden, um den brandenden Kräften standzuhalten. Von wo die Männer der Insel über die Jahrhunderte hinausgefahren waren auf das Meer. Um Heringe und Schellfische zu fangen, um Wale zu jagen, und später, um in fernen Gefilden Handel zu treiben, während ihre Ehefrauen zurückgeblieben waren und nach hartem Tagewerk, nachdem das Vieh versorgt, der Boden bestellt, die Hausarbeit getan und der Hunger der Kinder gestillt war, abends in eine Handarbeit vertieft in schummrigen Stuben am Ofen saßen und draußen der Wind durchs Dünengras fuhr und das Meer heranrollte. Beharrlich, gleichgültig. Bis zum heutigen Tag führt es Menschen, die mit ihm in Berührung kommen, die Flüchtigkeit all ihrer Geschichten vor Augen, verleiht ihnen dadurch aber auch einen Wert.

Der Friedhof, von dem hier die Rede ist, liegt in Westerland, hinter den Dünen. Die letzte Ruhestätte unbekannter Schiffbrüchiger, die das Meer an den Strand der Insel gespült hat. Die Gräber sind schlicht. Die Kreuze tragen keine Namen. Nur das Datum der Beisetzung des jeweiligen Toten ist in das Holz eingeschrieben, sowie der Ort, an dem er gefunden wurde – Westerland Strand, Rantum Strand, Hörnum Strand.

Der Friedhof wurde im Jahr 1855 eingerichtet, auf einer weiten sandigen Ebene, die damals nicht zu dem kleinen Ort Westerland gehörte. Der Strandvogt Wulf Hansen Decker hatte sich dafür eingesetzt, dass angespülten Seeleuten eine christliche Beisetzung zuteilwurde. Vorher hatte man sie einfach dort, wo man sie fand, in Dünenschluchten, höchstens in einer Grube im Sand verscharrt. Jede Bestattung kostete Geld. Außerdem fürchtete man die Pest, und es herrschte der Aberglauben, alles, was die See ausspeie, sei verflucht. Strandvogt Decker trotzte der Kirchen- und Ortsgemeinde so lange, bis man ihm den Flecken Erde außerhalb des kleinen Ortes zur Verfügung stellte. Es sollte sich herausstellen, dass die Sylter Bevölkerung Mitgefühl mit den Opfern des Meeres zeigte.

Die Frauen warteten auf ihre zur See gefahrenen Männer, Kinder auf ihre Väter. Und in den Nebeln, die immer wieder vom Meer heraufzogen und die Insel einhüllten, mussten sie sich alle die Frage gestellt haben, ob nicht

der eigene Vater oder der Ehemann der nächste Ange-
schwemmte sein konnte.

Wenn Nachricht kam, dass ein Sylter draußen auf dem
Meer den Tod gefunden hatte, dann ging die Frau, der seine Liebe gegolten hatte, vielleicht nach Tagen der Trauer
an den Nordseestrand, vielleicht nahm sie ihr Kind an der
Hand, und gemeinsam blickten sie auf das weite Wasser
hinaus, dorthin, wo keine Blicke außer den ihren hinlang-
ten, hinaus auf das Meer, das den geliebten Mann einbe-
halten hatte, und sandten ihre Wünsche aus, dass sich seine Seele aus den salzigen, dunklen Tiefen würde befreien
können …

Die erste Beisetzung auf dem Friedhof der Heimatlosen fand an einem Tag im Oktober statt. Strandvogt De-
cker notierte in seinem Protokollbuch über den aufgefun-
denen Toten: »Auf dem rechten Arm war die englische
Flagge und auf dem linken der gekreuzigte Jesus tätowiert,
sonst ohne Kennzeichen.« Die Leiche wurde vom Landvogt untersucht und in einen nach Landessitte gefertigten
schwarzen Sarg gelegt. Man hob den Toten auf einen Bau-
ernwagen und transportierte ihn zu dem Friedhof, wo
sich bereits einige Menschen eingefunden hatten – die
Frauen trugen Strickjacken, darunter Kleider aus grobem
Stoff, und um die Köpfe hatten sie Tücher gewickelt, die
die Ohren warm hielten. Die Männer trugen Mützen,
wetterfeste Mäntel und genagelte Stiefel. Das Geräusch
der sich am Strandufer brechenden Wellen – für die Sylter

das beständige Tönen der Welt – drang herüber, und durch die Luft wirbelten Regentropfen. Eine kurze Einweihungsrede wurde gehalten, und dann ließ man Sarg an den Stricken in die Grube hinab.

Elisabeth zu Wied, Königin von Rumänien, hielt sich zu dieser Zeit häufig auf der Insel auf. Sie war nicht nur Königin, sondern auch eine Dichterin, die empfänglich war für Stimmungen und den leisen Herzschlag von Geschehnissen, die letztlich unergründlich blieben. Sie sollte dem Friedhof später seinen Namen geben und einen Gedenkstein stiften, den man noch heute dort finden kann. Gegenüber der Eingangspforte, am Ende des kleinen Friedhofs, ragt der unbehauene Granitblock aus der Erde, in den eine verwitterte silbergraue Marmortafel eingelassen ist mit den letzten Zeilen eines Gedichts:

Wir sind ein Volk, vom Strom der Zeit
Gespült zum Erdeneiland,
Voll Unfall und voll Herzeleid,
Bis heim uns holt der Heiland,
Das Vaterhaus ist immer nah,
Wie wechselnd auch die Lose,
Es ist das Kreuz von Golgatha,
Heimat für Heimatlose.

Insgesamt sollten im Verlauf eines halben Jahrhunderts 53 Menschen auf diesem Friedhof beerdigt werden.

11

ELISABETHSTRASSE
WESTERLAND

////////////////////////////////

Ihre Hoheit, die Schriftstellerin

Der von Benjamin Lebert in seinem Roman beschrie-bene Granitblock, die Gedenkplatte der Heimatstätte der Heimatlosen, wurde 1888 gestiftet von Elisabeth zu Wied (1843–1916), der Königin von Rumänien. Während ihres Sommerurlaubs, den sie 1888 auf der Insel verbrachte, kam sie stets auf dem Weg zum Damenbad (wir erinnern uns an die getrennten Strandabschnitte für Herren und Damen) an dem Friedhof vorbei und wollte auf diese Weise der Toten gedenken. Zudem stiftete sie bei ihrem Abschied 1000 Mark für eine Sylter Kinderheilstätte – ihre eigene Tochter Maria war im Alter von drei Jahren verstorben.

Ihr Besuch war so prägend, dass ihr täglicher Weg von der Villa Roth, wo sie residierte, zum Strand nach ihr benannt wurde: Elisabethstraße. Für die Insel war ihr Aufenthalt die beste Marketingmaßnahme für das gerade angelaufene Tourismusgeschäft, und für sie war er ebenso Erholung wie Inspiration. So ließ sie ihr Strandzelt inmitten des Bereichs für Kinder und Jugendliche aufstellen, um sich am Trubel zu erfreuen und Märchen zu erzählen.

Die in Neuwied geborene Prinzessin Elisabeth Pauline Ottilie Luise zu Wied lernte im elterlichen

Fürstenhaus viel über Kultur, erhielt sogar von Clara Schumann persönlich Klavierunterricht und schrieb bereits im Kindesalter die ersten Gedichte. Unter ihrem Pseudonym »Carmen Sylva« veröffentlichte sie auch nach der Heirat mit Prinz Karl Eitel Friedrich von Hohenzollern-Sigmaringen (ab 1881 Karl I. König von Rumänien) zahlreiche Gedichte, Erzählungen, Märchen und Romane, Kompositionen sowie Übersetzungen. Zudem bemühte sie sich beständig um den kulturellen Austausch zwischen Rumänien und Deutschland. Ihre Eigenständigkeit, Kreativität und politische Haltung sind umso beeindruckender, wenn man sie mit dem späteren Ideal einer Prinzessin als hübsche, aber stillschweigende Begleitung machtvoller Männer vergleicht.

CARMEN SYLVA

Sturm

Mir ist es zu knapp in der Welt,
Zu enge der Wolken Gezelt,
Ich will laufen!
Zu leise der Sphärengesang,
Ein Jammer der irdische Klang,
Ich will brausen!

Zu langsam die Sonne sich regt,
Die Erde zu flau sich bewegt,
Ich will schütteln!
Der schläfrige Mond und der Stern,
Die blinzeln erlöschend von fern,
Ich will rütteln!

Es schlummert die Luft wie ein Kind
Und atmet so leise, so lind,
Ich will rasen!
So komm nur zum wirbelnden Tanz,
Ich spiel ein Orchester dir ganz,
Ich will blasen!

Dort wandelt ein Mägdlein herum,
Noch blickt sie nach keinem sich um,
Sie soll müssen!
Ich zause das Röckchen, das Haar,
Ich drehe und wende sie gar –
Ich will küssen!

Das Meer ist so flach und so matt,
Von Sonnenstrahlen so satt,
Ich wills bauschen!
Und hei! wie sich's schüttelt und bäumt,
Wutbrüllend sich wälzet und schäumt,
Es soll rauschen!

Die Wälder entwurzelt mein Schritt,
Den Bergstrom, den Fels nehm ich mit,
Es muss krachen!
Und wenn mich die Furchtsamen fliehn,
So treib ich noch Spuk im Kamin –
Ich will lachen!

TINNUM

//////////////////////////

12

Ein Rabe in der Heide

Westerland, List und Kampen kennen die meisten Menschen wahrscheinlich zumindest vom Namen her. Weniger bekannt, aber mindestens ebenso schön ist das kleine Örtchen Tinnum, idyllisch gelegen zwischen Westerland und Keitum.

Es wurde 1440 erstmals urkundlich erwähnt, war später Sitz der Landvögte und des Amtsgerichts und hat mit der Tinnumburg (die nicht mit klassischen Festlandburgen zu vergleichen ist) eine 2000 Jahre alte Befestigungsanlage zu bieten. Zwischen dem 8. und 10. Jahrhundert diente diese den Wikingern als Unterschlupf, heute gibt es dafür entsprechend im Preis gestiegene Pensionen und Hotels. Im Gegensatz zur zerstörten Archsum-Burg und der unter Dünen begrabenen Rantum-Burg lässt sich also hier erahnen, welch spannende Geschichte diese Insel schon hinter sich hat.

Wunderschöne Wander- wie Radwege führen durch die im Sommer im satten Grün leuchtenden Marschwiesen, und wem die norddeutsche Inselfauna nicht reicht, der besucht den dortigen Tierpark, wo auf über 30 000 Quadratmetern 400 verschiedenste Lebewesen wie Affen, Flamingos oder Papageien den Möwen und Wattwürmern bunte Konkurrenz machen.

Wer solch tierische Vielfalt bei seinem Inselbesuch noch nicht genießen konnte, war der deutsche Schriftsteller Wilhelm Raabe (1831–1910). Nachdem er eine Lehre als Buchhändler abgebrochen hatte, hatte er eher erfolglos in Berlin studiert, um dann unter dem Pseudonym »Jacob Corvinus« seinen Bestsellerroman *Die Sperlingsgasse* (1856) zu veröffentlichen – eine Karriere, die ihm problemlos auch heute noch möglich wäre. Im Jahr 1867 war er mit seiner Familie zum Badeurlaub nach Tinnum gereist, wo er sich durch das Reizklima eine Verbesserung seines Asthmas erhofft, viel gezeichnet und über die Sylter Nacht geschrieben hatte:

Wie aus dem Nebelkleide
Der Mond sich glänzend ringt,
So aus dem Erdenleide
Aufwärts das Herz sich schwingt.

O Heide, stille Heide,
Wie sehnet sich hinaus
Zu dir das Herz im Leide,
Gefangen Herz im Haus!

WILHELM RAABE

Der Blick auf das blaue Meer

Ich wohnte auf der Grenze der beiden Dörfer Tinnum
und Westerland und hatte also, um zum Strande und in
die heilige Salzflut zu gelangen, einen Weg von mindestens einer halben Stunde zurückzulegen. Ein nicht kürze-
rer Weg führte dann zu dem edlen Mann, der uns allmit-
täglich für einen soliden Preis von innen aus wieder aufer-
baute. Auf häuslichen Komfort oder gar Luxus mache ich
als an Genügsamkeit gewöhnter deutscher Staatsdiener
überhaupt keinen Anspruch. Da ich von meinen einund-
zwanzig Pfeifen sieben mit mir führte, würde ich mich
selbst in einem Hünengrabe behaglich eingerichtet haben.

Gut; – ich wohnte bei einem Bäcker, der seinen Back-
ofen mit Strandholz, das heißt, dem in den Strandauktio-
nen von gestrandeten Schiffen erstandenen Gebälk und
Sparren- und Balkenwerk heizte. Ich half ihm dann und
wann dieses Holz zu spalten, und fühlte mich hier gemüt-
lich dadurch angeregt, – daheim widme ich mich dem Geschäft mehr aus sanitätischen Gründen.

Daheim säge und spalte ich in meinen Mußestunden
mein Brennholz, hier trieb ich Allotria oder studierte einige vorsichtigerweise im Gepäck mitgeführte Abhandlun-
gen über die braunschweigische Erbfolge. In den Ge-
schäftsstunden ging ich am Strand spazieren.

Bei einem solchen Badeaufenthalt zieht sich alles in die Länge. Zu Hause wandle ich jeglichen Tag und in jedem Wetter rund um die zu Spaziergängen eingerichteten Wälle meiner Amtsstadt; auf Sylt speiste ich, hielt eine Stunde auf einer Düne Siesta und lief dann geradeaus gen Norden den Strand entlang, manchmal bis zum Roten Kliff, jedoch gewöhnlich nur bis zu den Badehütten von Wenningstedt.

Da das Meer wie ein Waschweib beiderlei Geschlechts nichts bei sich behalten kann, sondern alles wieder aus-wirft, so waren diese Gänge nie ohne ihre Reize; denn wenn ich auch ein Mann der Prosa bin, so kann ich doch einen toten Seehund mit einer gewissen Melancholie vom Rücken auf den Bauch wenden und meine Gedanken da-bei haben.

Gut – oder diesmal vielmehr: besser! Ich befand mich ungefähr drei Wochen auf dieser lang von Süden nach Norden oder umgekehrt hingestreckten Insel, als ich die zu Anfang meiner Relation erwähnte Bekanntschaft machte.

Es war gegen Abend. Die Sonne war untergegangen, und ich kam – heute – vom Roten Kliff zurück, und zwar nicht wenig müde, denn die Ebbe hatte den Weg am Strande nach besten Kräften für alle auf Sylt anwesenden am Unterleib leidenden Patienten gangbar gemacht. Wenn man zehn Schritte lang auf ziemlich festgeschlage-nem Sande wandelte, versank man während der nächsten zweihundert Schritte desto tiefer, und die Gattin, Tochter, Cousine oder Geliebte meiner Leser, die über diesen der Gesundheit so ungemein ersprießlichen Pfad graziös weggeglitten wäre, würde ich in der Tat gern einem Poeten zu lyrischen oder epischen Verwendung empfehlen, wenn mir ein solcher außer – dem Kreisrichter Löhnefinke unter meinen Kollegen und sonstigen Freunden und Feinden bekannt wäre.

Ich sagte: die Sonne war untergegangen und verbessere mich. Sie ging eben unter, als ich bei den Dünen südlich von Wenningstedt, dem Riesenloch gegenüber, anlangte. Ein Blankeneser oder Cuxhavener Fischerboot verschwand mit ihr in den Nebeln des Meereshorizontes, und ein trübes Grau wurde aus dem erfreulichen und dem Auge so wohltätigen Grün des Wassers. Auch die gelbrote Färbung der Sandhügel zur Linken des gesunden, aber beschwerlichen Weges verschwand, und die graue Farbe gewann zur Linken wie zur Rechten die Oberhand. Das Dünengras fing an in einem kühlern Winde zu lispeln; es war Abend geworden, und es war gegründete Aussicht vorhanden, dass es demnächst Nacht werde.

KEITUM

////////////

Erlesene Inselfrüchte am
Wegrand des Vergessens

Von Tinnum aus ziehen wir weiter nach Keitum, das grüne Herz der Insel. Trotz seiner direkten Lage am Wattenmeer bietet er nur wenig Strandleben, dafür aber umso mehr Natur. Zwar geht die erste offizielle Erwähnung des Ortes auf das Jahr 1216 zurück, doch beim Bau des Hindenburgdamms 1925 wurde ein etwa 3000 Jahre altes Hünengrab aus der Kupfersteinzeit ausgegraben. Bis Mitte des 19. Jahrhunderts war Keitum der Hauptsitz von Sylt und durch die meist wohlhabenden Kapitäne bis zum dann startenden Tourismus der reichste Ort der Insel.

Zu der Anfang des 13. Jahrhunderts erbauten Keitumer Kirche St. Severin gehört ein Friedhof, auf dem einige bekannte Syltliebhaber beerdigt sind: der *Spiegel*-Herausgeber und Verleger Rudolf Augstein, der ehemalige Bundesinnenminister Gerhard Schröder und der Verleger Peter Suhrkamp. Dessen damaliger Gast Max Frisch wanderte hier besonders gern auf der Strecke »das grüne Vergessen«, wie er die etwa acht Kilometer am grünen Kliff entlang von Keitum nach Kampen nannte, weil man dabei alle Sorgen vergessen könnte: »Die Dämmerung dauert bis Mitternacht, bis sie sich fast unmerklich in Mondhelle verwandelt. Man mag noch nicht schlafen. Die Regenpfeifer schwärmen auch noch über die Heide. Geruch von Salz, von Tang, von Heu. Die Tümpel des Wattenmeeres gleißen wie Scherben unter dem Mond.«

Den Beinamen »das grüne Herz« hat sich Keitum aber nicht nur aufgrund dieser Wanderstrecke verdient. Neben Salzwiesenkräutern und Meeresalgen aus der Meeresgärtnerei findet man hier seit 2009 auch den nördlichsten Weinberg Deutschlands. Mit mehr als 1700 Sonnenstunden jährlich lohnt sich die Ernte der beiden Sorten »Sölviin« und »Söl'ring«.

Zwar noch ohne Weinberg, aber mindestens genauso grün hat vor über 100 Jahren wohl auch Margarete Boie (1880–1946) die Insel erlebt. Die Schriftstellerin wohnte von 1919 bis 1929 zusammen mit ihrer Lebensgefährtin, der Malerin Helene Varges, auf Sylt und ließ viele ihrer Romane auf der Insel spielen. In *Moiken Peter Ohm* von 1926 beschreibt sie das Leben der Insulanerinnen um 1800 rund um ein Keitumer Kapitänshaus.

MARGARETE BOIE

Moiken Peter Ohm

Danach fing Moiken an, das Leben zu sehen. Das kam daher, dass alles anders wurde, nun die Großmutter an Mutters Stelle stand und Kinder und Haushalt in die Hand nahm. Ganz hellwach wurde Moiken daran. Freilich fackelte die Großmutter nicht lange. Jeden Tag wurden die Kinder frisch gewaschen, gekämmt und gezopft. Jeden Tag aber, auch an allerdunkelsten Wintertagen, wurden sie zur Schule geschickt, sobald nur die Holzschuhe der großen Jungen am Hause vorüberklapperten. Hans Nickelsen, der Lehrer, unterrichtete nur die Buben. Die Mädchen mochten schlucken, was nebenher fiel. Da blieb in den meisten Mädchenköpfen nicht viel hängen, aber Großmutter Merret hakte hinter, wo sie eine Lücke spürte und zwang so ihre Enkelinnen, die Ohren tüchtig aufzusperren und aufzufangen, was Hans Nickelsen den Buben geben wollte. Peter Ohm schüttelte den Kopf darüber, aber wo die Weiber regieren, hat auch der großmächtigste Kapitän keine Stimme und Meinung mehr. Er musste aber zugeben, dass seine Mutter verstand, den Kindern mehr als nur Lesen und Schreiben und Rechnen zu lehren. Nie waren die Stuben so blank gewesen, nie die Küche so sauber. Fertig gerichtet stand das Essen auf dem Tisch, wenn der schwarze Zeiger der Sonnenuhr über der Tür knapp die Zwölf erreicht hatte.

Bei alledem aber schien Merret Jakob Ohm nie Eile zu haben. Am Abend saß sie mit ihrem Strickzeug so ruhig hinterm Ofen, als hätte sie den ganzen Tag dort gesessen. So kannte ihr Sohn sie, solange er nur denken konnte. Seine Frau hatte das nicht fertiggebracht, die hatte am späten Abend noch geputzt und gescheuert, und die Kinder hatten dazwischen herumgequackelt. Bei der Großmutter hatte alles seine Regel und Ordnung. Kaum hatten sie alle zu Abend gegessen, so war im Handumdrehen die Küche wieder klar, und die Kinder lagen ordentlich nebeneinander im Wandbett und schliefen. Peter Ohm wusste nicht, wie das zuging, aber ihm schien, als wäre er aus der Nordsee in die Elbe gekommen, so glatt ging die Fahrt – fast zu glatt. Es war da eine Stille im Haus, die schienen die Kinder nicht zu merken, aber er spürte sie wohl und war froh, als das Frühjahr kam und er wieder hinaus konnte.

Am Petritage hatten die Rantumer Verwandten nicht nach Keitum kommen können. Erk Jakobsen hatte sich den Fuß verletzt, und bei seiner Frau war wieder ein Kleines unterwegs. Stattdessen fuhr die Großmutter mit Ellin und Moiken einmal im Sommer zu ihnen hinaus. Moiken kam aus dem Staunen nicht heraus, als sie hinter Westerland an den hellen, stillen Dünen vorüberfuhren. Wie fremd war doch die Welt, wie weit, wie wunderlich, und die Großmutter wurde immer stiller, je länger die Fahrt dauerte. Auch im Hause der Verwandten fühlte Moiken sich nicht recht heimisch. Es war da so wühlig, die vielen Kinder brachten Schmutz ins Haus, ohne dass die Mutter ihnen wehrte, und der Dünensand kroch von selbst schon über die Schwelle. Die Düne wäre mächtig gewandert im letzten Jahr, erzählte der Ohm; er würde gern das Haus abbrechen und ein paar hundert Schritt weiter östlich wieder aufbauen. Aber seine Frau, die schon darin geboren war, wollte es nicht dulden.

Gleich nach dem Mittagessen machte die Großmutter sich auf den Weg nach den Dünen hin. Sie wollte allein gehen, aber Moiken lief ihr doch nach, und als die Großmutter das merkte, blieb sie stehen und nahm das Kind an die Hand. Sie brauchten nicht lange zu wandern, da vernahm Moiken ein Rauschen, das ihr Herz stärker klopfen machte, und von der nächsten Düne aus sah sie schon auf die große See hinab. Hier setzte sich die Großmutter hin, und Moiken hockte neben ihr nieder, so dicht wie möglich, denn der Anblick beklemmte sie. Da war nichts als weites, weites Wasser, viel mehr als im Watt daheim, mit einem grauen Himmel darüber, am dem schwere Wolken segelten. Über das weite Wasser aber kam ein starker Wind, der Moikens Ohren mit lautem Brausen füllte. Ihr schien, als wäre des Windes Stimme hier mächtiger als daheim. Dass die Großmutter so lange dazu schwieg, machte Moiken Angst, und endlich konnte sie dies Schweigen nicht länger mehr ertragen.

»Ist dies die See, auf der Vater fährt?« fragte sie leise, und die Großmutter antwortete, wie von schwerem Traum befangen: »Dies ist die See, auf der dein Vater fährt und in der dein Großvater ertrank.«

Moiken schwieg erschreckt, doch nach einer Weile hob die Großmutter die Hand:

»Siehst du den toten Fisch dort am Strande? An der

Stelle etwa fand ich ihn am dritten Morgen nach dem Schiffbruch. Ich ging mit Erkel Bunde zusammen, die suchte ihren Jungen – es wurden viele angetrieben an jenem Morgen – «. Ein Schauer überlief das Kind, mitten am warmen Tage.

»Waren da noch mehr?«

»Noch viele, Kind, es waren vierundachtzig Sylter Männer.«

»Alle tot?«

»Alle tot.«

»Wann war das?«

»Vor neununddreißig Jahren.«

»Wie lang ist das – neununddreißig Jahre?«

»So lange, wie Erk-Ohm alt ist.«

»Und da lebte Moodje schon?«

Hilfloses Staunen klang aus der Stimme des Kindes, und über der Großmutter Gesicht glitt ein schwaches Lächeln. Dann nahm sie wieder Moikens Hand und ging mit ihr durch die Dünen zurück. Am selben Abend fuhren sie nach Hause, ohne die große See noch einmal besucht zu haben.

14

WEIDEMANNWEG 1
KEITUM

////////////////////////

Im Widerstand

Am 9. September 1885 wurde in Keitum einer der be-rühmtesten Sylter geboren – der Dichter Jens Emil Mungard (1885–1940). Sein Vater Nann Peter Mungard, der erst zur See fuhr und sich anschließend als Landwirt auf der Insel niederließ, war einer der wichtigsten Sprachwissenschaftler des Nordfriesischen – eine Leidenschaft, die er an den Sohn weitergab, ebenso wie den Hof der Familie.

Bei der Volksabstimmung 1920 unterstützte Mungard seinen Vater, der sich im Gegensatz zu den meisten Insulanern für den Anschluss an Dänemark aussprach – sowohl Vater als auch Sohn legten viel Wert auf die Bewahrung der friesischen Traditionen und Sprache, die sie in einem kleinen Staat eher gewährleistet sahen als im großen Deutschland.

Mit der Machtübernahme der Nationalsozialisten begann Mungards Lyrik kritischer zu werden. Er wurde immer wieder verhaftet, 1938 mit einem Schreibverbot belegt und im März 1939 in das KZ Sachsenhausen deportiert, wo er am 13. Februar 1940 an den Folgen der Inhaftierung starb.

Mit seinen über 800 Gedichten sowie sechs Theaterstücken in friesischer Sprache, in denen er das damalige Leben, die Politik sowie die Insel thematisiert, gilt Jens Emil Mungard heute als der bedeutendste Dichter in syltfriesischer Sprache. Vor seinem einstigen Wohnhaus im Weidemannweg 1 ist zu seinem Gedenken ein Stolperstein eingesetzt worden.

JENS MUNGARD

Bi Süđeraur

Wat leet nü beeft unk Hüs en Tērp en Lir
en sen tö Süđerheef hengingen,
diar es di Rüm sa hoog en gurt en wir,
diar es di Tir man lungsom gingen.

Di Sjip en Lumer gērset ön di Mark,
wilt Lörkin, Lüüv en Tiarnk haa flöögen.
Ön Feenen löp di Kraiter, gurt en stark,
som Fölken kām niisgirig unk öntöögen.

Ön Süđerheef, diar wiar sa diip di Eeb,
di Buaten lair sa hoog āpdrewen.
Di Tiiter saacht en heer me sin krüm Neeb
som Wür'mer üt di Grün āprewen.

Wat lair unk ön dit Gērs bi Ööwendik
en jert di Winj ön't Gērs knap weskin.
Wat föölt töfreeren unk en wel sa rik
en jens sa fiir fan Menskenstweskin.

Ön Süđern kām di Flör sa litjem hoog
en felt töjest di Priilen en di Laien,
wilt me di Flör di Füg'ler altert floog.
Me Flör bigent di Winj tö waien.

Wat sair ek fuul. Min Taachten swait sa fiir
en dach sa nai. Üs dit es kemen,
her wat unk bi di Hun, sa lekelk, bliir,
en lair fan Wiil en Lek tö dremen.

Am Süderufer

Wir beide ließen unser Dorf, die Leut,
und sind zum Süderhaff gegangen.
Dort ist der Raum so hoch und groß und weit,
dort ist die Zeit nur langsam hingegangen.

Die Schaf und Lämmer grasten in der Mark,
die vielen Vögel sind geflogen,
in Fennen liefen Rinder, groß und stark,
neugier'ge Fohlen kamen angezogen.

Im Süderhaff, da war so tief die Ebb,
die Boote lagen hochgeschoben,
der Tüter sucht und hat mit krummem Schnepp
sich Würmer aus dem Grund heraufgezogen.

Wir beide legten uns ins Gras am Deich,
im Gras klang leis des Windes Flüstern.
Wir fühlten uns zufrieden und so reich
und einmal weg von aller Menschen Wispern.

Im Süden kam die Flut so langsam hoch
und füllt' die Priele erst und Rinnen,
indes mit ihr der Vögel Schwarm noch flog,
und sie beschied dem Wind ein neu Beginnen.

Wir waren still. Mein Denken schweifte weit,
nein, nah. Wie das so pflegt zu kommen,
wir beide hatten uns, von Glück und Freud
und Ruhe träumend, bei der Hand genommen.

Di See

Ik haa di lef, en dach sen'k bang fuar di,
wan dü ön Senskiin fuar mi liist,
of wan di Storemswalken stüüv ombi,
of wan jam spaili Stiaren miist.

Dü best forskelig sa tö arken Tir,
bal liist dü üs en Spail sa glēr,
bal lachest dü üs en litj Jungen jir,
diar al sin Spöltjüch om höm heer.

Bal best dü üs en Duiwelsköök sa wilj
en wet din Ben tö büterst kiir.
Da gārest dü fan önern āp en Skilj
wet sjuk, bal nai, bal fiir.

Dü bechst bal āp en bal refst weđer dial,
bal best di Lefhair, bal di Haat
ön al din Dön, en nemen skeft sa wial.
Wü keen di, man bluat ek din Maat.

Ik haa di lef, en dach sen'k bang fuar di!
Ik se di ön üs min ain Skelt.
Sa wanskelk heer üüs Hergot skaapen mi,
dit heer din Spail mi nü fortelt.

Die See

Ich liebe dich, doch hab ich Angst vor dir,
liegst du so still im Sonnenschein,
stiebt deiner Wogen Sturmesgischt vor mir,
fängt Sternenlicht dein Spiegel ein.

Du änderst dich zu jeder Zeit geschwind,
bisweilen liegst du spiegelglatt,
bisweilen lachst du wie ein kleines Kind,
das all sein Spielzeug um sich hat.

Bald willst du tolle Teufelsküche sein,
dein Innerstes nach außen kehrn,
und kochst von unten auf und forderst ein,
wo Schuld du findest, nah und fern.

Du baust hoch auf, reißt nieder dein Gebild,
bist bald die Liebe, bald der Hass,
wohl niemand treibt sein Wechselspiel so wild.
Wir kennen dich, nur nicht dein Maß.

Ich liebe dich, doch jagst du Angst mir ein;
hab mich ja selbst in dir erkannt:
So unbeständig schuf der Herr mein Sein.
Das trug dein Spiegel mir ans Land.

15

MORSUM KLIFF

////////////////////////////

Dünen gibt es ja auch anderswo

Einer der schönsten Sylt-Momente ist die Anreise über den 11,3 Kilometer langen Hindenburgdamm. Sobald man das Festland hinter sich gelassen hat, fallen die ersten Sorgen ab, und mit jedem Meter fühlt man sich ein bisschen leichter.

Die Insel begrüßt uns in Morsum – bereits im 9. Jahrhundert war der kleine Ort die erste Anlaufstelle für die Friesen. Auch heute noch wird hier von vielen Einheimischen die Landessprache Sölring gesprochen, eine Mischung aus Deutsch, Dänisch, Friesisch und Niederländisch. Auch das sogenannte Ringreiten wird hier noch ausgeübt; acht Vereine gibt es auf ganz Sylt.

Die größte Sehenswürdigkeit ist zweifelsohne das durch den Limonitsand rostrot leuchtende Morsum Kliff. Es ist 1,8 Kilometer lang, bis zu 21 Meter hoch und besteht aus drei Erdschichten, die eigentlich einmal übereinander lagen. In der Eiszeit wurde der Druck jedoch so hoch, dass die Erdschichten schräg gestellt und wie aufgefächert nebeneinander verteilt wurden. Die verschiedenen Schichten sind bis zu acht Millionen Jahre alt. Beim Bau des Hindenburgdamms sollten ursprünglich Teile des Kliffs als Baumaterial verwendet werden – dank des massiven Einsatzes von Privat-

initiativen konnte dies jedoch verhindert werden. Inzwischen stehen die 43 Hektar unter strengem Schutz.

Wer hier schon einmal bei Sonnenaufgang in der
noch von Morgenkühle feuchten Heidelandschaft
stand und über dem Meer den Tag begrüßen durfte,
der versteht, weshalb diese Insel selbst einen kriti-
schen Geist wie Fritz J. Raddatz (1931–2015) für sich
erwärmen konnte. Der eigensinnige Intellektuelle, der
seine letzte Ruhestätte auf dem Keitumer Friedhof
fand, liebte Sylt und beschreibt die Insel in *Mein Sylt*
(2006) poetisch und liebevoll.

FRITZ J. RADDATZ

Mein Sylt

Dünen gibt es ja auch anderswo, Möwen kreischen an
jedem Meer, und auch Ginster soll, wie man hört, in anderen Landschaften blühen. Und dennoch: Diese Mischung
aus südlichem Glast, wenn die Sonne die Luft über den
endlos scheinenden Stränden sirren macht, und nördli-
cher Störrischkeit (nirgendwo, so scheint mir, hat der
Ginster so harte, spitze und lange Dornen) – diese Mischung öffnet der Seele Fenster. Es ist nicht die – wahrlich
schöne – Weichheit der lavendelduftenden Provence,
wenn im Juni die ganze Insel erfüllt ist vom Duft der blü-
henden Heckenrosen, und es ist auch nicht die – wahrlich

bizarre – surreal anmutende schwarze Härte der Lavastrände von Lanzarote, wenn sich bei Niedrigwasser die Sandbänke wie dunkel glänzende Wale hervorbuckeln und hochmütig nickend die Austernfischer mit ihren roten Beinen darüber hin stelzen. Es ist, was es vielleicht gar nicht gibt: deutsch undeutsch.

Diese morgendlich herankriechenden Seenebel, gegen Mittag von der Sonne aufgeleckt; diese lila mit Heidekraut wattierten Mulden, in denen abends pünktlich die Kaninchen äsen; und diese Greisenfalten des Roten Kliffs, die Jahr um Jahr tiefere Furchen zeigen: das gibt es nur ein Mal auf der Welt. Das Ganze ist mehr als die Summe seiner Teile. Wo gäbe es das nicht auch: Vollmondnacht, Gischt und Tanggeruch. Aber wie hier, am Kliff von Morsum, plätschernd das Wasser nach einem grapscht, eine unheimlich singende Meeresversion des »Erlkönig« erklingen lässt; und wie hier der Himmel aufgerissen wird, schweigend und zerspleißend zugleich wie Seide, wenn die Vögel im Naturschutzgebiet des Rantumer Beckens ihn schneiden: das gibt es nur hier auf der Welt. [...]

Die Natur predigt in lauter kleinen Devotionalienbildern. Das mag der Grund dafür sein, dass sie demütig macht. Das Meer zieht den Schmutz aus der Seele. Ein Spätnachmittag, ein früher Abend am unendlich scheinenden Kampener Strand, kaum Menschen, nur Wolken, späte Sonne und donnernde Brandung – es ist, als würde der Mensch innerlich gewaschen, als kehrte er zurück in eine Vorexistenz. Glichen wir einst den Quallen, die, auf den Sand gespült, aussehen wie Pudding mit Puderzucker überstäubt, eben noch elegant schaukelnde Wasserfallschirme und nacheinander greifend mit ihren Tentakeln, nun verdorrend – Sinnbild oder nur Naturschauspiel? All das Getier aus alten Sagen – der Sandregenpfeifer, die Brandgans, die Kreuzkröte, der Austernfischer – wo waren wir, als sie entstanden, und wohin werden wir verschwinden? Wenn man weiß, dass die Milchstraße – fast blendend hell in sternklarer Nacht – ein riesiges Sternsystem ist, dem außer unserem Sonnensystem weitere 100 bis 200 Milliarden Sonnen angehören: wie klein wird man da. Das Genie Michelangelo, der Massenmörder Adolf Hitler – ein Wimpernschlag im grenzenlosen All der Unendlichkeit, wir sind Wesen, winziger als ein Mückenbein. Mene-Mene-Tekel: Kurz vor meinem 75. Geburtstag flatterte, sich schon erschöpft in den Herbsttod schwingend, ein prächtig gemustertes Pfauenauge auf den Frühstückstisch im Gärtchen – schöne Vergänglichkeit.

Fraglos hat das Meer nicht nur etwas Lockendes, sondern auch etwas Bedrohliches; im Französischen ist das Meer weiblich – *la mer*. Es spielt mit uns, zeichnet mit Muscheln in haargenau nachgeordneter Wellenform Schlierenketten in den Sand, es ist septembermüde, faul, vielleicht erschöpft von seinen Gischtpflichten der Saison –

und droht doch schon mit den Herbststürmen, mit seiner rasenden Winterwut, mit der es Stück um Stück Kliff-Fetzen wegbeißt. Es zeugt und gebiert: autark und androgyn. Das ist Verheißung und Melancholie in einem.

16

ST. PETER
RANTUM

////////////////

Knutts und Kirchen

Wir fahren – egal ob mit dem Auto oder dem Rad – von Westerland aus an Tinnum vorbei nach Süden. Rantum ist der schmalste Streifen der Insel, an einer Stelle liegen nur 500 Meter Landfläche zwischen der West- und Ostseite des Meeres. Hier kann man hervorragend surfen, an Schafen vorbeijoggen, eine Wattwanderung machen oder auf dem Campingplatz die mitgebrachte Urlaubslektüre lesen.

Kurz vorm Wattenmeer, am sogenannten Rantumbecken, befindet sich die Vogelkoje Eidum, benannt nach dem 1436 von der Sturmflut weggespülten Dorf Eidum. Das ehemals für den Entenfang genutzte Gebiet ist heute das artenreichste und größte Schutzgebiet für Seevögel in ganz Deutschland. Hier brüten und leben im Schilf und an den Salzwiesen Alpenstrandläufer, Knutts, Flussseeschwalben sowie verschiedenste Möwenarten.

Nicht weit davon entfernt liegt die Sylt Quelle, aus der jodhaltiges Süßwasser aus mehreren hundert Metern Tiefe gewonnen wird. Zwar wurde die offizielle Abfüllung im Sommer 2021 eingestellt, der Brunnen und die Wasseraufbereitung sind aber erhalten geblieben. Ebenso auch das zur Sylt Quelle gehörende

Meerkabarett und die Stiftung kunst:raum, die seit vielen Jahren internationale Kunst und Kultur sowie erfolgreiche Stars nach Nordfriesland holen.

Ein wichtiges Unternehmen für Rantum ist zudem die dortige Strandkorbmanufaktur. Nach dem Ende des Zweiten Weltkriegs fertigte hier der Korbmacher Paul Schardt 1947 die ersten Strandkörbe an – inzwischen arbeitet das Familienunternehmen bereits in der dritten Generation und produziert für ganz Deutschland.

Über die Kirche in Rantum schrieb der evangelische Theologe und Prediger Rudolf Kögel (1829–1896), dem wir schon in Benjamin Leberts Text begegnet sind: Von ihm stammt das Gedicht auf der Gedenktafel des Friedhofs der Heimatlosen in Westerland. Allerdings wurde die Kirche, über die Kögel damals schrieb, wie mehrere ihrer Vorgänger von Sturmfluten zerstört. Die heutige St. Peter mit Reetdach wurde 1964 fertiggestellt und hält bis heute – und ist ebenso eines Gedichtes wert wie der Vorgänger.

RUDOLF KÖGEL

Heimat für Heimatlose

So nah dem Strand ein stiller Raum,
Ein eingehegter Garten:
Will man bei Sturm und Wogenschaum
Hier noch der Blumen warten?
Ich trete ein. Zwei Gräberreih'n
In Heidekraut und Moose,
Es sagt der Schrift erloschner Schein:
    »Heimat für Heimatlose!«

Die mitleidslos das Meer geraubt
Und die das Meer gab wieder,
Hier legten sie ihr bleiches Haupt
Von Wellen triefend nieder.
Schiffbrüchige – man kennt sie nicht,
Ob Schiffsherrn, ob Matrosen,
Nun träumen von der Heimat Licht
Die armen Heimatlosen.

Du Fremdling mit dem flücht'gen Sinn,
Zieh lachend nicht von hinnen,
Auf dein Woher, auf dein Wohin
Sollst du dich hier besinnen.
Noch eh der Abend niedersinkt,

Zerflattert Ruh und Rose,
Weh dem, dem nicht beim Scheiden winkt
Heimat für Heimatlose.

Du andrer Gast mit müdem Fuß,
Voll Schwermut und voll Sorgen,
Denk nicht bei diesem Kirchhofsgruß:
»*Hier* wär ich wohlgeborgen!
Was treib ich noch von Ort zu Ort,
Ein Blatt im Sturmgetose?«
Ist wirklich *Tod* ein Ruheport,
Heimat für Heimatlose?

Wir sind ein Volk, vom Strom der Zeit
Gespült zum Erdeneiland,
Voll Unfall und voll Herzeleid,
Bis heim uns holt der Heiland.
Das Vaterhaus ist immer nah,
Wie wechselnd auch die Lose –
Es ist das Kreuz von Golgatha
Heimat für Heimatlose.

Kirche zu Rantum

Der Friedhof war am öden Riff
Im Sturm allmählich versandet;
Die Kirche war, gleich manchem Schiff,
An diesen Dünen gestrandet.

Der Rosenstrauch – verwelkt, verweht,
Der Leichenstein – versunken!
So wüst, als wär selbst das Gebet
Verdorrt hier und ertrunken!

Da stimmten wir an im Chor umher
Ein Lied auf den König der Ehren.
Wie rauschte und jauchzte hochauf das Meer,
Die alte Weise zu hören!

Die Dünengräser sie neigten sich mit,
Und aus den Gräbern die Väter
Sie tauchten empor mit Geisterschritt
Und mischten sich unter die Beter.

Und wo sie längst erstorben war,
Da hat sich durch Beten und Loben
Die Kirche, sichtbar unsichtbar,
Aufs Neue lebendig erhoben.

17

HÖRNUMER HAFEN

/////////////////////////////////

Der Seehund und die Tänzerin

Kurz vor Schluss und Inselende gibt es noch eine tieri-sche Attraktion: die Kegelrobbe Willi, die sogar ihren eigenen Wikipedia-Eintrag hat. Anfang der 1990er Jahre kam sie zum ersten Mal in den Hörnumer Hafen, wo sie sich seither von munteren Tourist*innen mit dort extra für sie verkauftem Fisch füttern ließ. Deswegen war Willi, der eigentlich eine Wilhelmine war, auch deutlich schwerer als seine Artgenossen. 2017 gesellte sich eine Freundin dazu – sie wurde passend Sylta getauft. Wahrscheinlich ein Jahr später verstarb Willi; Sylta ist den Urlaubsgästen aber weiterhin treu geblieben.

Wenn Sie diesen Punkt abgehakt haben, können Sie nun entweder segeln gehen oder in Ermangelung einer eigenen Yacht, unter der die Herausgeberin dieses Bandes ebenfalls leidet, eines der berühmten Adler Schiffe besteigen. Bereits seit 1950 ist die Reederei Adler rund um Sylt unterwegs. Ab 1975 fanden hier auch die »Butterfahrten« statt, bei denen man mit dem Schiff über die deutsche Grenze fuhr, um dort zollfrei einzukaufen. Besonders günstig war damals die dänische Butter, daher der Name, aber ebenso konnten Zigaretten, Parfüm oder Alkohol günstiger erworben werden. Seit 1999 sind derartige Fahrten in der EU nicht mehr zulässig. Knapp zwanzig Schiffe führt die Reederei Adler inzwischen, die in ganz Deutschland unterwegs sind. Eines von ihnen ist nach der deutschen Tänzerin Gret Palucca (1902–1993) benannt, die häufig auf Sylt aufgetreten ist und sich hier von ihren großen Auftritten erholte.

Eine Persönlichkeit, die ebenfalls auf der Insel arbeitet und inzwischen sogar hier lebt, ist die 1977 in Stuttgart geborene Schriftstellerin Sina Beerwald. Viele Bücher hat sie auf sowie über Sylt geschrieben, Romane ebenso wie Sach- und Reisebücher. Am berühmtesten ist ihr Möwerich Ahoi, der im Hörnumer Hafen die Mordsmöwen im gleichnamigen Krimiband (2013) anführt. Wer einmal dort seinen Crêpes gegen diese tierische Bande verteidigt hat, weiß, warum der Titel gewählt wurde.

SINA BEERWALD

Mordsmöwen

Kampen ist entgegen Balthasars Schwarzmalerei natürlich nicht zu verfehlen. Zwischen der rauen Westseite und der östlichen Wattseite der Landzunge liegen ausschließlich reetgedeckte Häuser in einem sanft gewellten Hügelmeer aus Farbklecksen. Im satten Dunkelgrün der Heide wachsen rosafarbene Syltrosen, Glockenheide, geflecktes Knabenkraut, Sonnentau und Lungenenzian. Die Häuser befinden sich in angenehmem Anflugabstand voneinander und sind prima Ausruhplätze. In Kampen geht es ums Sehen und Gesehenwerden. Die Revierkämpfe werden subtiler ausgetragen als anderswo auf der Insel, das perfekte Balzverhalten zählt, denn die Weibchen hier sind anspruchsvoll. Und es gibt alles im Überfluss; ich rieche Hummer, Krabben und Lachs schon auf viele Meter Entfernung.

Nach einem ausgiebigen Rundflug über den Ort landen wir erschöpft auf dem Holzgeländer einer Aussichtsplattform, wo sich schon zahlreiche Menschen versammelt haben, um in die Sonne zu starren.

Obwohl der Höhenmesser in meiner Schwanzfeder gerade mal lächerliche zweiundfünfzig Meter anzeigt, lässt sich von dieser sogenannten Uwe-Düne aus die gesamte Insel überblicken, und wir haben beste Sicht auf Kampen. Nur leider können wir Suzette unter den wenigen Möwen auf den Reetdächern nicht erspähen. Mir wird mulmig. Wäre Suzette nach Hause geflogen, hätten wir ihr auf der Nord-Süd-Route begegnen müssen. Sie wird doch keinem Fuchs oder Blechvogel zum Opfer gefallen sein?

Ich lasse meinen Blick nach Norden schweifen, und auf einmal glaube ich, sie zu entdecken. Ich muss die Augen zusammenkneifen und schaue angestrengt über die Dächer der Hotels hinweg, die wie aufgefädelt unter uns am Rande eines Dünentals stehen und ebenfalls beste Aussicht bieten.

Im Dünental liegt das runde Gebäude der Sturmhaube, und auf deren mützenartigem Dach sehe ich eine Möwe, die Suzette sehr ähnlich sieht. Allerdings ist sie nicht allein. Ich drehe mich zu Balthasar um und will ihn nach seiner Meinung fragen, aber der ist beschäftigt.

Mit ausgebreiteten Schwingen steht er vor den Touristen, wirft den Kopf in den Nacken, reißt den Schnabel weit auf und ruft: »Der Name der Uwe-Düne geht auf den Gelehrten und Juristen Uwe Jens Lornsen zurück, der als Freiheitskämpfer mit seinen Schriften für ein geeintes und von Dänemark unabhängiges Schleswig-Holstein ...«

»Balthasar! Kein Mensch versteht dich!«

»Aber sicher verstehen die mich! Kuck doch, wie sie mich alle anschauen und meinem Vortrag lauschen. Nur du Kulturbanause unterbrichst mich mal wieder. Schon mein Großvater Avenarius hat sich mit anderen Künstler-Möwen aus ganz Deutschland dort drüben auf dem Dach des Hauses Kliffende getroffen und aus geklauten Büchern rezessiert.«

Ich wage nicht einzuwenden, dass es wohl rezitiert heißen müsste, schließlich geht es mir jetzt um etwas völlig anderes. »Balthasar ...«, setze ich an.

»Warte nur ab, Ahoi. Eines Tages wird mir der Einbruch in die Westerländer Bibliothek gelingen, und ich werde Zugang zu allem Wissen haben, das dieses Paradies meiner Träume für mich bereithält.«

18

HÖRNUM

/////////////////

Das ewige Feuer der Insel

Hörnum bildet das südliche Ende der Insel – von hier aus sind es bis List 34 Kilometer, eine wunderschöne Radtour. Den Hafen hinter sich lassend geht es weiter zum rot-weißen Leuchtturm. Seit 1907 ist er in Betrieb, seit 1977 ferngesteuert, um in 34 Metern Höhe zu leuchten. Das Besondere: Von 1914 bis 1933 war in einem seiner Zimmer Deutschlands kleinste Schule mit zwei bis fünf Kindern beheimatet. Heute kann er neben vier anderen Leuchttürmen auf Sylt besichtigt und zudem für Trauungen genutzt werden. Hörnum selbst gibt es mit seinen festen Gebäuden erst seit Anfang des 20. Jahrhunderts – vorher war eine Besiedelung aufgrund der Wanderdünen und Meeresnähe kaum möglich.

Zwischen den Meeren mit Sicht auf die Nachbarinseln Amrum und Föhr hat der Strand von Hörnum sowie die dazugehörige Naturlandschaft eine besonders schöne, aber auch gefährdete Lage. Die sogenannte Hörnum Odde leidet seit vielen Jahren unter der Gezeitenströmung und den Sturmfluten und musste trotz Vorspülungen viele Meter Land verloren geben. Ein Problem, das die gesamte Insel seit jeher betrifft und mit steigendem Meeresspiegel zunehmend bedrohlicher wird.

Um solche Befürchtungen und die dazugehörigen bösen Geister zu vertreiben, begeht Sylt – natürlich auch in Hörnum – jährlich am 21. Februar, am Vorabend des Petritages, die traditionelle Biike. Ursprünglich wurden die mehrere Meter hohen Feuer angezündet, um die Männer zum Walfang zu verabschieden, doch auch heute noch pilgert man mit Fackeln ausgestattet zu den Haufen, um diesen zu entzünden, zusammen zu trinken und zu singen. Der gebürtige Sylter Verleger Christian Peter Christiansen (1856–1922) verfasste Ende des 19. Jahrhunderts die Hymne dazu – *Üüs Söl'ring Lön, Unser Sylter Land*. Egal, ob Sie von der Insel kommen oder nur zu Besuch sind, diese Sätze vereinen uns alle – vom Norden bis in den Süden, bei Ebbe und bei Flut.

CHRISTIAN PETER CHRISTIANSEN

Üüs Söl'ring Lön

Üüs Söl'ring Lön', dü best üüs helig,
Dü blefst üüs ain, dü best üüs Lek!
Din Idiis tö hual'en, sen wü welig,
Di Söl'ring Spraak auriit wü ek.
Wü bliiv me di ark Tir forbün'en,
Sa lung üs wü üp Warel' sen:
Uk diar jaar Uuning bütlön' fün'en,
Ja lēng Dach altert tö di hen.

[Refrain]
Kumt Riin,
Kumt Senenskiin,
Kum junk of lekelk Tiren,
Tö Söl' wü hual'
Aural;
Wü bliiv truu Söl'ring Liren.

Di Seewinj soong me litjem Sunsin,
Hur ik üp Söl' üs Dütji slöp,
Fan Strön' jert ik dit eewig Brunsin,
Üs ik bi Mooters Hun' jit löp.
Ik haa di Stairer al bihöl'en,
Diar jens üüs Jungens Hemelrik,
Di Teft ön Uursem, fol fan Krölen,
Üüs Spölplaats bi di Bosk üp Dik.

Üüs Taachten hual' jit fast omslüngen,
Wat üüs fan litj āp wert en lef:
Üüs Tērp, hur wü tö Skuul jens gingen,
Üüs Mark, üüs Hiir', di Wai bi Klef,
Ark Stich, hur wü üs Jungen ronen,
Ark Stegelk, diar aur Eeker gair,
Di Hooger, hur wü Biike bronen:
Hat es jit ales üp sin Stair.

Di Hooger se sa stolt wü liien;
Üüs Fuartirs Kempers wiili diar,
Ual' Tialen weet üüs jit tö siien,
Wat in forgingen Daagen wiar;
Üüs Fuarfaarn haa fuul hön' ert Jaaren
Jir pluuget en jaar Aarber dön,
En nun wiar-s, fiir aur See tö faaren;
Man Söl'ring bleev-s üp See en Lön'.

Üüs Söl'ring Lön', dü best üüs helig;
Dü blefst üüs ain, dü best üüs Lek!
Gair-t aaft üp Wārel' uk forskélig,
Üüs Spraak en Wiis auriit wü ek.
Let altert, wan ön frügelk Stün'en
Wü fan üüs Ailon' sii en sjung,
Üüs lööwi: Wü wel, trun forbün'en,
Üs Söl'ring frai döört Leewent gung!

Unser Sylter Land

Unser Sylter Land, du bist uns heilig,
Du bleibst unser eigen, du bist unser Glück!
Deine Sitten zu halten sind wir gewillt,
Die Sylter Sprache vergessen wir nicht.
Wir bleiben mit dir jede Zeit verbunden,
Solange wir auf Erden sind.

Auch die ihre Wohnung auswärts gefunden,
Sie sehnen sich doch immer zu dir hin.

[Refrain]
Kommt Regen,
Kommt Sonnenschein,
Kommen dunkle oder glückliche Zeiten,
Zu Sylt wir halten
Überall;
Wir bleiben treue Sylter Leute.

Der Seewind sang mit leisem Sausen,
Wo ich auf Sylt als Säugling schlief;
Vom Strande hört ich das ewige Rauschen,
Als ich an Mutters Hand noch lief.
Wir haben die Stätten alle in Erinnerung,
Die einst unser Kindheitsparadies,
Die Toft, im Frühjahr voll von Feldblumen,
Unsern Spielplatz bei dem Busch auf dem Wall.

Unsere Gedanken halten noch fest umschlungen,
Was uns von klein auf wert und lieb.
[Unser Dorf, wo wir zur Schule einst gegangen,]
Unsre Wiesen, unsre Heide, den Weg am Kliff,
Jeden Weg, den wir als Kinder rannten,
Jeder Fußsteig, der über die Äcker führt,

Die Hügel, wo wir Biekenfeuer brannten,
Es ist noch alles auf der alten Stelle.

Die Hügel sehen so stolz wir liegen,
Unsrer Vorzeit Helden ruhen dort;
Alte Sagen wissen uns noch viel zu melden,
Was in vergangnen Tagen war.
Unsere Vorfahren haben viele hundert Jahre
Hier gepflügt und ihre Arbeit getan,
Und gewohnt waren sie weit übers Meer zu fahren,
Aber Sylter blieben sie zu See und Land.

Unser Sylter Land, du bist uns heilig,
Du bleibst unser eigen, du bist unser Glück!
Geht es oft auf Erden auch verschieden,
Unsere Sprache und Sitte vergessen wir nicht.
Lasst immer, wenn in frohen Stunden
Wir von unserm Eiland singen und sagen,
Uns geloben: Wir wollen treu verbunden
Als Sylter brav durchs Leben gehn!

Textverzeichnis

101 Sina Beerwald (geb. 1977)

S. B.: Mordsmöwen. Köln: Hermann-Josef Emons, 2013. S. 39–41.

79 Margarete Boie (1880–1946)

M. B.: Moiken Peter Ohm. Schicksalsjahre einer Sylterin. Stuttgart: J. F. Steinkopf, 1982. S. 14–17. [Die Orthographie wurde behutsam modernisiert.]

105 Christian Peter Christiansen (1854–1922)

Chr. P. Chr.: Üüs Söl'ring Lön. Unser Sylter Land. In: Gertrud Stendal: Die Heimathymnen der preussischen Provinzen und ihrer Landschaften; eine literarische Charakteristik. Heidelberg: Carl Winters Universitätsbuchhandlung, 1919. S. 91–93. [Die Orthographie wurde behutsam modernisiert.]

14 Dora Heldt (*1961)

D. H.: Tante Inge haut ab. München: Deutscher Taschenbuch Verlag, 2009. S. 36–39. – © Mit freundlicher Genehmigung von dtv Verlagsgesellschaft mbH & Co. KG.

34 Siegfried Jacobsohn (1881–1926)

S. J.: Die ersten Tage: Ein Schriftsteller erlebt auf Sylt den Beginn des Ersten Weltkriegs. Iserlohn: Schulten, 2014. S. 70–74. [Die Orthographie wurde behutsam modernisiert. Ohne Originalfußnote.]

97 Rudolf Kögel (1829–1896)

R. K.: Heimat für Heimatlose. Kirche zu Rantum. In: Neue Christoterpe. Ein Jahrbuch hrsg. von R. K., Wilhelm Baur, Emil Frommel [u. a.]. Bremen: C. Ed. Müller's Verlagsbuchhandlung, 1881. S. 363–368. [Die Orthographie wurde behutsam modernisiert.]

64   Benjamin Lebert: (*1982)

B. L.: Mitternachtsweg. Hamburg: Hoffmann und Campe, 2014. S. 23–27. – © 2014 Hoffmann und Campe, Hamburg.

22   Thomas Mann (1875–1955)

Th. M.: Der Zauberberg. Gr. komm. Ausg. Bd. 5.1. Hrsg. und textkrit. durchges. von Michael Neumann. Frankfurt a. M.: S. Fischer Verlag, 2002. S. 717–720. – © S. Fischer Verlag, Berlin 1924. Alle Rechte vorbehalten S. Fischer Verlag GmbH, Frankfurt am Main. [Die Orthographie wurde behutsam modernisiert.]

52   Susanne Matthiessen (*1963)

S. M.: Ozelot und Friesennerz. Roman einer Sylter Kindheit. Frankfurt a. M.: Ullstein, 2020. S. 8–11. – © 2020 Ullstein Buchverlage GmbH, Berlin.

85   Jens Mungard (1885–1940)

J. M.: Gedichte. Dechtings – Gedichte. Hrsg. von Ingo Laabs. Bräist/Bredstedt, NF: Nordfriisk Instituut, 2013. S. 61, 63. [Die Orthographie wurde behutsam modernisiert.]

28   Emil Nolde (1867–1956)

E. N.: Am Westmeer. In: E. N.: Reisen. Ächtung. Befreiung. 1919–1946. Hrsg. von der Stiftung Seebüll Ada und Emil Nolde. Köln: Dumont, ⁶2002. S. 100–109. – © 1967 M. DuMont Schauberg Köln.

75   Wilhelm Raabe (1831–1910)

W. R.: Deutscher Mondschein. In: W. R.: Gesammelte Erzählungen. Bd. 1. Berlin: Otto Janke, 1896. S. 389–391. [Die Orthographie wurde behutsam modernisiert.]

91   Fritz J. Raddatz (1931–2015)

F. J. R.: Mein Sylt. Mit Fotos von Karin Székessy. Hamburg: mareverlag, 2006. S. 31, 34 f., 37–39. – © 2006 by mareverlag, Hamburg. [Die Orthographie wurde behutsam modernisiert.]

10   Rainer Maria Rilke (1875–1926)

R. M. R.: Die Insel. In: R. M. R.: Sämtliche Werke. Bd. 1: Gedichte. Wiesbaden 1955/56. S. 538 f. [Die Orthographie wurde behutsam modernisiert.]

58   Julius Rodenberg (1831–1914)

J. R.: Verschollene Inseln. Sand- und Seebilder. Berlin: Julius Springer, 1861. S. 126–129. [Die Orthographie wurde behutsam modernisiert.]

46   Theodor Storm (1817–1888)

Th. St.: Sylter Novelle. Skizze. Der Schimmelreiter. Hrsg. von Karl Ernst Laage. Heide: Westholsteinische Verlagsanstalt Boyens & Co., 1971. S. 9–11. [Die Orthographie wurde behutsam modernisiert.]

40   Peter Suhrkamp (1891–1959)

P. S. / Annemarie Seidel: »Nun leb wohl! Und hab's gut.« Briefe 1935–1959. Hrsg. von Wolfgang Schopf. Berlin: Suhrkamp, 2016. S. 375–379. – © Suhrkamp Verlag Berlin 2016. [Die Orthographie wurde behutsam modernisiert. Ohne Originalfußnoten.]

70   Carmen Sylva (d. i. Elisabeth zu Wied, 1843–1916)

C. S.: Sturm. In: C. S.: Meine Ruh. Höhen und Tiefen. Berlin: Alexander Duncker, [2]1885. S. 73 f. [Die Orthographie wurde behutsam modernisiert.]